DIESES BUCH GEHÖRT:

Die drei !!!

Die drei !!!

Einsatz im Kletterwald

Jule Ambach

KOSMOS

Umschlagillustration von Ina Biber, Gilching
Umschlaggestaltung von Sabine Reddig

Unser gesamtes lieferbares Programm und viele weitere Informationen zu unseren Büchern, Spielen, Experimentierkästen, Aktivitäten, Autorinnen und Autoren findest du unter **kosmos.de**

Weitere Bände dieser Reihe siehe Seite 160

MIX
Papier | Fördert gute Waldnutzung
FSC® C083411
FSC www.fsc.org

Gedruckt auf Cradle to Cradle Certified™ Munken Papier

ISBN 978-3-440-17707-5
Redaktion: Nadja Fendrich, Nina Seitz
Lektorat: Sandra Margineanu
Produktion und Satz: DOPPELPUNKT, Stuttgart
Druck und Bindung: CPI Moravia Books s.r.o., Pohořelice
Printed in Czech Republic / Imprimé en République tchèque

Die drei !!!

Einsatz im Kletterwald

Franzi hat einen Plan

»Marie, warte!« Kim war schon ganz außer Atem. Sie trat noch kräftiger in die Pedale und hatte sich leicht über den Fahrradlenker vorgebeugt.

Unbeeindruckt fuhr Marie weiter.

»Warte!«, versuchte es Kim noch einmal. Wenn Franzi doch nur hier wäre, sie könnte Marie einholen und warnen!

Plötzlich bremste Marie. Kies und Steinchen stoben auf und eine Staubwolke umhüllte die Reifen von Maries Mountainbike.

»Na endlich«, keuchte Kim, als sie ihre Freundin eingeholt hatte. »Hast du mich nicht gehört? Wir können nicht wie sonst weiter geradeaus fahren, da vorne ist der Radweg wegen einer Baustelle gesperrt. Wir müssen hier links abbiegen.«

Marie winkte ab. »Weiß ich doch. Ich dachte, ich beeile mich, wir müssen schließlich ein bisschen Zeit wieder gutmachen.«

Kim hatte Marie zu Hause abgeholt und wie immer etwas auf sie warten müssen.

»Jetzt auf einmal hast du es eilig?«, meinte Kim.

»Es braucht eben alles seine Zeit«, erklärte Marie.
»Aber wenn du das weißt, dann fang doch früher an, deine Sachen zu packen und dich fertig zu machen«, sagte Kim.
»Ich glaube, ich habe ein Déjà-vu«, antwortete Marie nachdenklich. »Hast du das nicht vorhin schon mal gesagt?«
»Und ungefähr dreihundert Mal davor«, sagte Kim trocken. »Komm, lass uns weiterfahren.«
Marie und Kim fuhren nun gemächlicher nebeneinanderher. Durch Maries Sprint hatten sie tatsächlich einige Minuten gewonnen.
Die Sonne glitzerte zwischen den allmählich grüner werdenden Knospen an den Bäumen und Sträuchern hindurch. Es war Mitte März und endlich kündigte sich der Frühling an. Das wurde auch Zeit, fand Kim. Heute hatte sie zum ersten Mal ihre Winterjacke im Schrank gelassen.
»Camilla und ich waren gestern Nachmittag in der neuen Eisdiele«, erzählte Kim. »In der Nähe vom Stadtpark, du weißt schon.« Camilla war eine neue Freundin von Kim, mit der sie in letzter Zeit öfter etwas allein ohne Franzi und Marie unternahm.
»Ja, ich weiß«, rief Marie über ihre Schulter. Sie fuhr etwas vor Kim auf dem Fahrradweg, gerade kamen ihnen andere Radfahrer entgegen. Marie ließ sie vorbei und fuhr langsamer, um wieder neben Kim fahren zu können. »Wir wollten die neue Eisdiele doch zusammen mit Franzi ausprobieren«, sagte sie.
Kim fiel natürlich sofort auf, dass Marie etwas enttäuscht klang. Daran hatte sie überhaupt nicht mehr gedacht, dass sie eigent-

lich mit Franzi und Marie zu der neuen Eisdiele hatte gehen wollen. »Wir können doch Franzi gleich fragen, wann sie Zeit für ein Eis hat. Vielleicht direkt morgen?«, schlug Kim versöhnlich vor. »Camilla und ich waren gerade in der Nähe gewesen, weil Camilla nicht weit weg vom Stadtpark wohnt …«, sagte Kim. »Ich hab's vergessen, tut mir leid!«

Das schöne Wetter passte so gar nicht zu der Missstimmung, die in der Luft zu liegen schien.

»Kein Problem!«, sagte Marie nun. »Ich habe mich nur gewundert, weil ich dachte, wir gehen zu dritt dorthin. Okay, lass uns Franzi fragen, vielleicht können wir den Ferienbeginn nächste Woche mit einem Eisbecher feiern.«

»Einem riesigen Eisbecher!«, bekräftigte Kim. »So nötig hatte ich Ferien noch nie.«

Marie lachte. »Das sagst du immer.«

»Stimmt auch immer«, erwiderte Kim fröhlich.

Die beiden bogen auf den Schotterweg ab, der zum Hof von Franzis Familie führte. Hier waren sie heute Nachmittag mit ihrer Freundin verabredet. Als sie auf den Hof fuhren, liefen die Hühner gackernd auseinander, die zwischen Steinchen nach Insekten und Samen pickten. Besonders laut gackerte Franzis hinkendes Huhn Polly. »Ich glaube, Polly sagt uns Hallo!«, meinte Marie lachend.

Herr Winkler stürmte aus seiner Praxis. »Hallo, ihr zwei!«, rief er und winkte. »Notfall, ich muss los. Franzi ist im Schuppen.«

Herr Winkler war Tierarzt und hatte seine Praxis auf dem Hof der Familie. Manchmal wurde er auch zu Notfällen gerufen, meistens zu Bauernhöfen, Schafweiden oder Pferdeställen, und dann musste es zügig gehen.

Kim mochte das fröhliche, manchmal chaotische Treiben auf dem Winklerhof. Komisch, bei sich zu Hause war sie häufig genervt, wenn ihr Vater durch die Wohnung wirbelte und Großputz machte oder Ben und Lukas mit ihrer Matratze auf der Treppe Wasserfall spielten und dann am besten noch Familienhund Pablo bellend um sie herumsprang.

Marie und Kim waren von ihren Rädern abgestiegen und schoben sie zum Schuppen hinüber.

Die Tür zum alten Pferdestall stand offen. Hier trafen sich die drei Freundinnen meistens, wenn sie bei Franzi zu Besuch waren. Der alte Pferdestall war nicht nur besonders gemütlich eingerichtet, mit einer Sitzecke, der alten Kutsche und einem Bollerofen, in dem im Herbst und Winter ein behagliches Feuer flackerte, er war auch das Hauptquartier der drei !!! – des Detektivclubs von Kim, Franzi und Marie.

Aber heute sollte es nicht um aktuelle Ermittlungen gehen, die Detektivinnen hatten im Moment keinen Auftrag.

So ganz genau wussten Kim und Marie nicht, warum Franzi sie eingeladen hatte, sie hatte sehr geheimnisvoll geklungen. Umso überraschter waren Marie und Kim nun, als sie in die geöffnete Tür des Schuppens traten. Franzi hatte ihnen den Rücken zugedreht und rückte Tassen, Gläser und Teller auf dem kleinen Tisch in der Mitte der Sitzecke zurecht. Dort stand auch schon eine Teekanne bereit, aus deren Tülle es dampfte, ein großer

Teller mit Kuchenstücken und sogar eine Vase mit Tulpen und Narzissen aus dem Garten waren ebenfalls auf dem Tisch versammelt.

»Gibt es etwas zu feiern?«, fragte Marie verblüfft.

Franzi zuckte zusammen, Geschirr klirrte. »Habt ihr mich erschreckt!«, ächzte Franzi und stellte die Tasse zurück auf die Untertasse. Dann drehte sie sich um. »Aber schön, dass ihr da seid. Und so pünktlich!«

»Ha, ha«, machte Marie, die sich natürlich sofort angesprochen fühlte.

Franzi lachte. »Kim hat mir schon geschrieben, dass ihr euch vielleicht etwas verspätet.«

Sie ließ sich auf einen der Sessel fallen. »Was war denn wieder los?«

Auch Kim und Marie nahmen an dem kleinen und reich gedeckten Tisch Platz. Kim entschied sich wie meistens auch für einen der knubbeligen, gemütlichen Sessel. Sie schnupperte. Rhabarberkuchen! Das hatte sie sich doch beim Eintreten schon gedacht. Aber jetzt musste sie sich noch einen Moment gedulden.

Marie seufzte schwer. »Kim habe ich auch noch nichts davon erzählt«, erklärte sie. Ihr Gesicht hatte sich verdüstert und sie sah traurig aus. »Oma Agnes war schon wieder so richtig komisch heute.«

Kim und Franzi wussten bereits, dass Oma Agnes in letzter Zeit etwas vergesslich geworden war. Einmal dachte sie sogar, sie habe eine wertvolle Statue aus dem Museum gestohlen! Nur mit

Mühe war es den Detektivinnen und Opa Herbert gelungen, sie vom Gegenteil zu überzeugen.

»Also, dass Oma Agnes ein wenig vergesslich geworden ist, daran haben wir uns gewöhnt«, begann Marie. »So normal Oma-vergesslich ist ja okay. Aber heute sollte sie Finn vom Waldkindergarten abholen. Wie immer dienstags. Um 14 Uhr klingelte dann Papas Smartphone, es war eine Erzieherin des Kindergartens dran.« Marie hatte mit ihrer Stiefschwester Lina und ihrem Vater in der Küche gesessen. Die Erzieherin wollte wissen, warum niemand Finn abgeholt habe. Helmut Grevenbroich war sofort alarmiert und versicherte, dass Finn gleich abgeholt würde. Aber zuerst machte er sich Sorgen um seine Schwiegermutter. »Wir hatten wirklich Angst, dass Oma etwas passiert ist«, erzählte Marie. »Papa hat sie angerufen und zum Glück ist sie drangegangen.« Marie schluckte schwer. »Aber als Papa sie gefragt hat, wo sie ist und warum sie Finn noch nicht vom Kindergarten abgeholt habe, da sagte sie, dass sie nicht weiß, wo sie ist. Sie hat sich verlaufen.«

Kim wusste nicht, was sie sagen sollte. Auch Franzi war sprachlos. Schließlich fragte sie: »Was heißt das denn jetzt?«

Marie zuckte mit den Achseln. »Ich weiß es nicht. Papa sagt, wir müssen gut auf Oma Agnes aufpassen. Tessa hat einen Termin bei der Hausärztin vereinbart, damit sie Oma Agnes gründlich durchcheckt. Aber Oma Agnes ist richtig böse geworden und hat gesagt, Papa und Tessa übertreiben. Als ich vorhin gegangen bin, hatte sie sich erst einmal hingelegt und Opa Herbert hat versprochen, noch mal mit ihr zu reden.«

»Glaubt ihr denn …«, begann Kim mit belegter Stimme.
Marie nickte. »Vielleicht sind das Anzeichen für eine Demenz.« Ihre Augen füllten sich mit Tränen. »Wenn das wirklich stimmt, kann Oma vielleicht eines Tages nicht mehr bei uns wohnen. Aber Tessa und Papa wollen erst mal abwarten, was die Ärztin sagt. Opa Herbert ist auch schon ganz durch den Wind vor Sorge.«
Es tat Kim sehr leid, dass sie Marie wegen ihrer Unpünktlichkeit aufgezogen hatte. Das waren einfach schreckliche Neuigkeiten. Kim streichelte Maries Arm. »Jetzt warten wir erst mal ab«, wiederholte Marie noch einmal mit bemüht fester Stimme.
Franzi und Kim warfen sich einen Blick zu. Das klang gar nicht gut, fand Kim. Aber Marie hatte recht: Familie Grevenbroich konnte im Moment nichts machen außer abwarten und für Oma Agnes da sein. So wie sie und Franzi für ihre Freundin da sein würden. Als hätte Franzi Kims Gedanken gelesen, sagte sie: »Du kannst immer mit uns darüber sprechen, Marie!«
Marie nickte. »Ich weiß! Ihr seid die Besten.« Sie seufzte noch einmal, dann sagte sie: »Was ist eigentlich mit dem Kuchen?«
Marie griff sich Franzis Teller und schaufelte ein großes Stück Rhabarber-Streuselkuchen darauf. »Sahne?«, fragte sie, und ohne eine Antwort abzuwarten, landete ein großer Klacks Schlagsahne auf Franzis Kuchenstück.
»Ähm ja, den hat Mama gebacken, mit dem ersten Rhabarber aus dem Garten«, sagte Franzi verdattert, als Marie ihr den Teller in die Hand drückte.

»Was gibt es eigentlich zu feiern, Franzi?«, fragte Kim und deutete mit ihrer Kuchengabel auf die Tulpen und den Kuchen. Auch sie bekam ein extragroßes Stück von Marie aufgetan.
»Aber die Sahne bitte neben den Kuchen!«, rief Kim.
»Weiß ich doch«, murmelte Marie konzentriert und schöpfte Sahne neben das Kuchenstück.
»Nichts!«, flötete Franzi mit ungewöhnlich hoher Stimme. »Gar nichts. Ich wollte mich einfach nur mal wieder mit euch treffen.«
»Hm«, brummte Kim. So ganz wollte sie das Franzi nicht glauben, aber vielleicht würde sie gleich noch mit der Sprache herausrücken.
Marie schenkte ihnen etwas vom selbst gemachten Eistee ein. Kim nahm das Glas und rührte den Eistee mit dem Glas-Strohhalm um, die Eiswürfel klirrten. Dann nahm sie einen Schluck. »Mmh, Rhabarber-Minze! Das schmeckt mega!«
»Wirklich?«, freute sich Franzi. »Das sage ich nachher Mama. Sie probiert gerade neue Rezepte für das Hofcafé aus, am Samstag in zwei Wochen ist das Hofcafé zum ersten Mal für diese Saison geöffnet.«
»Osterferien ist ein gutes Stichwort«, meinte Marie. »Was liegt an? Gibt es Pläne?«
Stimmt, das wollte sie ihren Freundinnen schon längst erzählen, fiel Kim ein. Sie verschluckte sich an ihrem Eistee, und statt zu antworten, bekam sie einen Hustenanfall. Marie klopfte ihr kräftig auf den Rücken, bis Kim krächzend abwinkte.
»Schon gut, schon gut«, keuchte sie. »Also, was ich euch er-

zählen wollte: Camilla möchte Skate-Dance lernen. Das ist Tanzen auf Rollschuhen. Sie hat mich gefragt, ob ich bei einem Workshop mitmachen möchte, der in den Osterferien stattfindet.«

Kim schaute in die verdutzten Gesichter ihrer Freundinnen.

»Rollschuh fahren, du?«, fragte Marie mit gerunzelter Stirn.

»Finde ich auch ungewöhnlich«, meinte Franzi.

»Wieso denn?«, fragte Kim. »Das macht bestimmt Spaß! Und Camilla kann richtig gut Rollschuh laufen, sie hilft mir, hat sie schon versprochen.«

»Und was machen wir dann, Franzi«, fragte Marie, »wenn Kim uns im Stich lässt?«

Kim spürte ein heißes Kribbeln in ihrem Bauch. »Ich lasse euch nicht im Stich!«, protestierte sie. »Wir können uns doch trotzdem abends treffen!«

»Ich habe eigentlich schon einen Plan für unsere Osterferien«, gab Franzi zu. »Wir fahren in den Schwarzwald! Also, wenn ihr möchtet.«

»Und was machen wir dann da?« Kim war trotz der Aussicht auf den Skate-Dance-Workshop neugierig geworden. »Denk daran, dass unsere letzte Reise in den Schwarzwald ganz anders endete als erwartet!«

Marie und Franzi kicherten. Auch sie erinnerten sich noch gut an ihren letzten Urlaub im Schwarzwald: Die drei hatten Kims Vater zu einem Kuckucksuhren-Kongress begleiten wollen, den Herr Jülich als großer Fan von Kuckucksuhren besuchen wollte. Doch stattdessen blieben sie mitten im Nirgendwo mit dem

Auto liegen und die drei Detektivinnen ermittelten schließlich in einem Spukhotel.

Franzi versicherte, dass sie dieses Mal am Ziel ankommen würden. Sie ging zur Kommode, auf der ein Laptop lag. »Kommt rüber«, sagte Franzi, als sie sich auf den freien Stuhl setzte. Marie und Kim stellten sich hinter ihre Freundin. Franzi atmete durch. »Ich habe etwas echt Cooles entdeckt. Hoffentlich habt ihr Lust dazu!«

Franzis Aufregung war ansteckend, Kim trommelte mit den Fingern auf die Stuhllehne hinter Franzi.

»Schaut euch das an!«, sagte Franzi. Sie klappte den Laptop auf. Der Bildschirm war noch schwarz, dann wurde er grün. Bäume waren zu sehen, das war ein dichter Wald. »Werde Junior-Ranger«, las Kim vor.

»Ist das nicht cool?«, rief Franzi begeistert. »Diese Workshops gibt es in mehreren Regionen Deutschlands. Innerhalb von einer Woche lernen die Teilnehmenden ganz viel über Naturschutz, Tiere und Pflanzen, sich im Wald zu orientieren, Feuer zu machen, Tierspuren zu erkennen und all so was. Und auch, selbst Naturschutzprojekte zu planen und umzusetzen. Vielleicht fällt uns etwas ein, das wir hier in unserer Stadt starten können!«

Das klang wirklich spannend, fand Kim. Einerseits freute sie sich schon auf das Skate-Dancing mit Camilla, sie würden fast eine ganze Woche miteinander verbringen. Andererseits klang dieser Workshop wirklich richtig gut.

»Tierspuren erkennen lernen und mehr über Wildpflanzen zu

erfahren, könnte uns sogar in unserem Detektivinnen-Alltag nützlich sein«, überlegte Kim. Hatte sie überhaupt wirklich so große Lust auf Rollschuhfahren? Franzi und Marie hatten natürlich recht, eigentlich war das nicht ihr Ding. Aber Camilla hatte so begeistert davon erzählt und Kim hatte sich gefreut, dass Camilla sie gefragt hatte, ob sie mitmachen mochte. Das hieß ja, Camilla wollte gerne Zeit mit ihr verbringen. Und Kim verbrachte ebenfalls wirklich gerne Zeit mit ihrer neuen Freundin.
»Wo ist dieser Workshop denn genau?«, fragte Marie. Kim bemerkte, dass Marie skeptisch klang.
»Im Schwarzwald, wie gesagt«, erklärte Franzi. Sie zoomte auf der Karte näher heran und tippte auf den Bildschirm. »Hier, in Dachsmoos. Das ist ein kleines Dorf, mitten im Schwarzwald.«
»Ich sehe es«, murmelte Marie. »Drum herum ist wirklich nichts außer ... viel Grün.«
»Ist das nicht toll?«, antwortete Franzi.
Kim kicherte. »Und warum ausgerechnet der Schwarzwald? Hier oben steht, dass es diese Workshops auch in anderen Gegenden gibt, zum Beispiel an der Nordsee.«
»Das habe ich komplett vergessen, das ist doch das Wichtigste!«, rief Franzi. »Beim Junior-Ranger-Workshop in Dachsmoos gehört ein Kletterpark im Wald fest zum Programm. Weil es auch um Teamwork und Selbstbewusstsein beim Workshop geht, findet ein Großteil im Kletterwald statt, solche Dinge lassen sich nämlich prima beim Klettern üben.«
Jetzt steckte Franzis Begeisterung Kim nicht an, sie trat einen Schritt von Franzis Stuhl weg und schaute nach draußen auf

den Hof, auf dem noch immer die Hühnerschar herumpickte. Kim fasste sich ins Gesicht, es war ganz heiß geworden.
Franzi drehte sich zu ihrer Freundin um. »Kim, ich weiß, dass du nicht sehr angetan von größeren Höhen bist. Das ist auch gar kein Problem, ich habe schon in Dachsmoos angerufen und nachgefragt. Das Klettern ist keine Pflicht, wenn du nicht möchtest, musst du nicht. Wirklich!«
»Aber das ist doch peinlich, wenn ich dann unten stehe und alle anderen trauen sich«, sagte Kim leise.
»Das ist überhaupt nicht peinlich!«, entgegnete Marie und strich Kim über den Rücken. »Wenn du etwas nicht möchtest, ob aus Angst oder warum auch immer, ist das voll in Ordnung.«
»Wenn das jemand peinlich findet, bekommt er es mit uns zu tun!«, sagte Franzi düster.
Kim musste lachen. »Okay, ich bin überzeugt. Ich sehe mir das an und vielleicht traue ich mich ja doch.«
»Eine Frage habe ich noch, bevor ich auch komplett überzeugt bin«, sagte Marie. »Müssen wir draußen schlafen?«
»Das wäre bestimmt ziemlich cool und abenteuerlich, aber in Dachsmoos gibt es eine Jugendherberge. Dort übernachten alle Teilnehmenden. Und nein, Marie«, Franzi hatte bemerkt, dass Marie schon Luft holte, um eine weitere Frage zu stellen, »wir schlafen nicht in einem großen Schlafsaal mit anderen. Ich habe uns schon ein Dreibettzimmer reserviert.«
»Dann bin ich beruhigt«, seufzte Marie. Da fiel ihr etwas auf: »Aber Moment mal, du hast uns schon angemeldet? Bevor wir überhaupt von deinem Plan für unsere Osterferien wussten?«

Franzi setzte einen unschuldigen Blick auf. »Wir drei, eine Reise und ein cooles Outdoor-Abenteuer? Es versteht sich doch von selbst, dass ihr Ja sagt!«

Angekommen in Dachsmoos

Die Landschaft vor den Zugfenstern erinnerte Kim an eine liebevoll gestaltete Modelleisenbahn-Welt. Dunkelgrüne Tannen schmiegten sich an inzwischen gar nicht mehr so niedrige Hügel und auf saftig grünen Wiesen weideten braun-weiß gefleckte Kühe. An den kleinen Bahnhöfen, die der Zug passierte, warteten zumeist Wanderer, manchmal auch sportlich gekleidete Personen mit Mountainbikes.

»Gleich sind wir da«, verkündete Franzi.

»Nach der langen Fahrt freue ich mich schon aufs Laufen«, stöhnte Kim und stand auf. Sie streckte und reckte sich und gähnte herzhaft. Dann holte sie Franzis Reiserucksack aus der Ablage über ihren Sitzen.

»Zuerst müssen wir aber noch mal ganz kurz sitzen«, erklärte Franzi und nahm ihren Rucksack entgegen. »Nora Bäumle von der Jugendherberge holt uns mit dem Auto am Bahnhof ab.«

Kim fand das verkraftbar und vor allem total nett, dass sie extra abgeholt würden. Sie wuchtete auch Maries Koffer und ihren eigenen von der Ablage herunter.

»Haben wir alles?«, fragte Marie und sah sich in der Vierersitzgruppe um, in der sie die letzten Stunden verbracht hatten. Der Zug war inzwischen nahezu leer, nach ihrer Haltestelle in Torfnau gab es nur noch einen weiteren Halt.

Kim rollte ihren Koffer zur Tür, drückte ihre Stirn gegen die Glasscheibe und schaute hinaus. »Da ist schon der Bahnhof!«, rief sie.

Als der Zug quietschend zum Stehen gekommen war, musste Franzi den Hebel an der Tür kräftig umlegen, damit sie sich öffnete. Mit einem Ruck drückte sie die Tür auf und sprang auf den Bahnsteig.

Marie und Kim folgten ihr die Stufen des Waggons hinunter. Der Bahnhof bestand aus zwei Gleisen, in deren Mitte der Bahnsteig lag, und einem Bahnhofsgebäude mit grünen Fensterläden, vor dem eine ebenso grüne Bank stand. Auf den Fensterbänken reihten sich noch leere Blumenkästen.

»Brrr, hier ist es ja fast noch Winter!« Kim zog ihren Schal fester um den Hals. Auch Marie und Franzi hatten ihre Schultern hochgezogen und fröstelten.

»Torfnau und Dachsmoos liegen etwas höher als euer Heimatort«, erklang eine Stimme hinter ihnen. »Und die Sonne schafft es jetzt im April noch nicht so viele Stunden pro Tag über die Berge. Ihr seid doch Kim, Franzi und Marie?«

Die drei hatten sich umgedreht, vor ihnen stand eine junge Frau in hellblauen Jeans, einem grob gestrickten grünen Wollpulli über einem karierten Hemd und einer violetten Mütze auf den braunen Haaren.

»Ich bin Nora Bäumle, euer Taxi.« Sie grinste. »Mein Freund Tobias und ich sind die Herbergseltern der Jugendherberge in Dachsmoos.«

Die drei stellten sich vor und folgten Nora Bäumle zu ihrem Auto.

»Den Rucksack müsst ihr zwischen euch stellen.« Nora betrachtete stirnrunzelnd das Gepäck der Mädchen. »Es passt nicht alles in den Kofferraum.«

»Kein Problem«, antwortete Franzi und schob den Rucksack auf den mittleren Platz auf der Rückbank.

»Ihr müsst den Rucksack bitte auch anschnallen, die Fahrt wird kurvig«, erklärte Nora Bäumle.

Kim und Marie nahmen rechts und links neben Franzis Rucksack Platz, Franzi setzte sich nach vorn. Kim reichte Marie den Sicherheitsgurt des Mittelsitzes, den Marie um Franzis Rucksack schlang und festklipste.

»Was heißt denn Herbergseltern?«, fragte Marie.

»Wir leiten die Jugendherberge und sind damit die Herbergseltern. Tobias ist der Herbergsvater und ich die Herbergsmutter – klingt ganz hübsch, finde ich.«

»Sind denn schon andere Teilnehmende des Junior-Ranger-Workshops angekommen?«, fragte Kim.

Die Herbergsmutter verneinte. »Ihr seid die einzigen Teilnehmerinnen, die eine so weite Anreise haben. Die anderen Jugendlichen kommen aus Dachsmoos oder aus Orten in der Umgebung. Aber zum Frühstück und Abendessen sind sie auch bei uns in der Herberge.«

Franzis Rucksack war so hoch bepackt, dass Kim Marie überhaupt nicht sehen konnte. Aber der Blick aus dem Fenster war so atemberaubend, dass das Geplauder im Auto während der Fahrt in den Nachbarort Dachsmoos bald verklang. Nora steuerte den Kombi aus Torfnau hinaus, die kurvige Straße machte einen steilen Anstieg. Eng und schmal schlängelte sich die Straße durch den dichten Wald.
»Jetzt weiß ich, warum der Schwarzwald so heißt«, meinte Marie. »Es ist wirklich richtig finster, wenn man in den Wald hineinblickt.«
»Ja, aber warte mal ab«, verkündete Nora. »Gleich müsst ihr nach links schauen.«
Kim beugte sich schon einmal vor, um am Rucksack vorbei aus Maries Fenster sehen zu können.
»Wow!«, entfuhr es ihr. Neben ihnen eröffnete sich ein Bergpanorama. Zerklüftete Hänge, von der Sonne beschienen, auf einigen lag noch etwas Schnee. An die Berghänge schmiegten sich Wiesen und weiter unten schließlich wieder Bäume. Im Tal lag eingekuschelt zwischen den Bergen ein Dorf.
»Das da unten ist Dachsmoos«, sagte Nora. »Wir müssen also nur noch den Berg runter und dann sind wir da.«
Nora bremste ab, eine Gruppe Wanderer kreuzte die Straße.
»Übernachten in der Jugendherberge auch Wanderer?«, wollte Franzi wissen.
Nora erzählte, dass im Sommer viele Wandertouristen nach Dachsmoos und in den Schwarzwald generell kämen. Auch viele Mountainbiker, da dieser Sport immer beliebter wurde. »Vor

ein paar Wochen ist die Skisaison zu Ende gegangen. Wir haben in Dachsmoos zwei Skipisten und eine Loipe für Ski-Langlauf, der Winter ist also auch sehr wichtig für uns. Eigentlich haben alle in Dachsmoos beruflich mit dem Tourismus zu tun, viele vermieten außerdem Zimmer. Früher konnten Gäste sogar in den Osterferien zum Skifahren herkommen. Aber das ist schon lange vorbei.« Nora klang plötzlich sorgenvoll.

»Wieso, was ist passiert?«, fragte Kim.

»Es fällt weniger Schnee und die Winter werden kürzer«, erklärte Nora. »Es ist zu warm. Als ich in eurem Alter war, also vor ungefähr zwanzig Jahren, da lag von November bis März Schnee, und zwar sicher. Meine Eltern erzählen gerne davon, dass in ihrer Jugend manche Winter sogar von Oktober bis Ende April andauerten und es manchmal so starke Schneefälle gab, dass das Dorf regelrecht von der Außenwelt abgeschnitten war. Darauf kann ich gut verzichten, auch wenn das alle paar Jahre immer mal wieder vorkommen kann. Aber wir spüren hier ganz deutlich die Veränderung des Klimas.«

Während Nora gesprochen hatte, waren sie in das kleine Dorf abgebogen. Die Hauptstraße schlängelte sich an Häusern vorbei, die mit dunklen Holzschindeln verkleidet waren und grüne, blaue oder braune Fensterläden hatten. Die Dächer waren mit Holz oder Stroh gedeckt und reichten tief herunter. Kim erinnerten diese Dächer an ins Gesicht gezogene Mützen, wenn es besonders kalt war.

»Hier sieht es ja aus wie in einem Freilichtmuseum«, staunte Franzi.

Nora lachte. »Dachsmoos ist ein sehr alter Ort, wenn hier neue Häuser gebaut oder alte saniert werden sollen, müssen sie diesem typischen Aussehen von Schwarzwaldhäusern entsprechen. Damit alles zusammenpasst. Es gibt aber auch ein paar modernere Häuser, bei denen die Holzschindeln nur auf der oberen Hälfte der Mauern angebracht sind, unten sind die Häuser weiß verputzt. Wenn es euch gefällt, müsst ihr im Juni oder Juli mal herkommen, dann blüht es überall ganz herrlich in den Bauerngärten.« Nora hielt vor einem dreigeschossigen Haus, das vollständig mit dunklen Holzschindeln verkleidet war und dessen dunkel gedecktes Dach tief und steil herunterragte. In den Fenstern leuchteten fröhlich bunte Stoffgardinen und Blumenkästen warteten auf ihre Frühlingsbepflanzung.

»Das Haus war vor hundert Jahren noch ein typischer Schwarzwaldhof«, erklärte Nora, als sie den Mädchen ihr Gepäck aus dem Kofferraum reichte. »Unten, wo jetzt der Empfang, der Tischkicker-Raum und der Speisesaal sind, war der Kuhstall, in dem die Kühe den Winter verbracht haben. Im Sommer wurden sie auf die Weiden getrieben.«

Nora erklärte ihnen, dass die Häuser im Schwarzwald deshalb so dunkel verkleidet waren, damit sie die Sonnenwärme besser speichern konnten, denn die meiste Zeit des Jahres war es hier knackig kalt. »Die Dächer sind so steil und ragen weit hinab, damit der Schnee im Winter hinunterrutschen kann und nicht darauf liegen bleibt.«

»Das ist doch praktisch«, fand Franzi.

Kim, Franzi und Marie folgten Nora in die Jugendherberge. Sie betraten den freundlichen hellen Empfangsraum, hinter einem rustikalen Holztresen stand ein Mann in Noras Alter, der gerade telefonierte. Er winkte ihnen beim Eintreten zu, zeigte auf das Telefon und zog eine entschuldigende Grimasse.

»Das ist Tobias«, erklärte Nora flüsternd. »Ich zeige euch erst mal den Speisesaal und anschließend euer Zimmer. Lasst eure Sachen ruhig hier stehen.«

Nora ging durch einen schmalen Flur, der zum Speisesaal führte. »Hier gibt es jeden Morgen ab 7:30 Uhr Frühstück und hier trefft ihr euch morgens mit eurer Gruppe. Ich bin stolz darauf, darum erzähle ich es euch auch sofort: Ich koche alle Marmeladen selbst, die es zum Frühstück gibt, und Tobias ist Imker. Der Honig stammt von unseren eigenen Bienenvölkern.«

»Das ist ja cool!«, sagte Franzi. »Stehen deswegen vorn hinter dem Tresen auch Honiggläser im Regal?«

»Du passt ja auf wie ein Luchs«, sagte Nora. »Tobias verkauft den Honig auch. Man bekommt ihn hier bei uns, in der Touristik-Information und in einigen Hofläden der Umgebung.«

»Können wir die Bienenstöcke mal anschauen?«, fragte Kim.

»Das wird Tobias bestimmt freuen, dass ihr daran Interesse habt, frag ihn ruhig!«, antwortete Nora. »Soll ich euch jetzt euer Zimmer zeigen?«

Sie gingen ins erste Stockwerk, wo Nora ihnen das Zimmer mit der Nummer 9 aufschloss. »Den Schlüssel gebt ihr bitte immer am Empfang ab, wenn ihr die Jugendherberge verlasst. Ihr bekommt Tobias' und meine Telefonnummer, falls etwas sein sollte. Wir haben während dieser Woche außerhalb des Workshops ein Auge auf euch, schließlich sind wir eure Herbergseltern.« Nora zwinkerte den Mädchen zu. »Dann lasse ich euch jetzt in Ruhe ankommen, bis später!« Nora verabschiedete sich und zog die Zimmertür hinter sich zu.

»Das ist wirklich ein schönes Zimmer!«, freute sich Franzi. Das Stockbett und das Einzelbett waren mit rot-weiß karierter Bettwäsche bezogen, in der Mitte des Raumes standen ein kleiner Tisch und vier Stühle. Das Badezimmer war klein.

»Aber zum Glück nicht auf dem Flur«, stellte Marie erleichtert fest.

Kim war sofort der tolle Ausblick aufgefallen. Sie öffnete das Fenster und lehnte sich hinaus. »Seht mal, da sind Ziegen!«, rief Kim. »Da vorn am Hang.«

»Ich habe mich schon gewundert, was hier so bimmelt!« Franzi quetschte sich neben Kim.

Die Jugendherberge lag am Ortsrand und hinter einer Wiese mit Fußballtor, Tischtennisplatten und einer Feuerstelle erhob sich gemächlich ein Hang, an dem Ziegen auf einer mit Bäumen und Sträuchern bestückten Weide grasten. Die Mädchen lachten, als sich eine der Ziegen auf die Hinterbeine stellte und sich mit ihren Vorderhufen auf einer anderen Ziege abstützte, um an die frischen Knospen eines Strauchs zu gelangen.

»Ich könnte hier stundenlang stehen und zuschauen«, seufzte Franzi. »Wollen wir heute noch das Dorf erkunden oder was ist der Plan?«

Kim gähnte. »Ich bin so müde, ihr nicht?«

»Ach kommt, lasst uns doch noch eine kleine Runde durch

Dachsmoos drehen«, schlug Marie vor. »Hier ist bestimmt einiges los!«, fügte sie grinsend hinzu.

»Du wirst vielleicht überrascht sein!«, erwiderte Franzi und nahm ihre Jacke, die sie auf ihr Bett geworfen hatte. »Du kommst aber mit, oder, Kim?«

Kim erhob sich theatralisch seufzend vom Stuhl und warf einen sehnsüchtigen Blick auf ihr Bett, das sich unter Franzis befand. »Lasst ihr mir eine andere Wahl?«

»Nö«, meinte Franzi lachend und öffnete schon die Zimmertür.

»Schade, dass die Eisdiele noch geschlossen ist«, fand Kim und deutete auf den Zettel im Schaufenster, der eine Wiedereröffnung Anfang Mai versprach. Neben der Eisdiele gab es ein kleines Souvenirgeschäft, das zugleich auch Kiosk und Zeitschriftenladen war. Vor dem Geschäft standen drei Drehständer mit Ansichtskarten. »Oh, das passt gut!«, rief Kim aus. »Ich brauche eine Postkarte.«

»Wir sind doch eben erst angekommen«, sagte Marie. »Wem möchtest du denn jetzt schon schreiben, deinen Eltern?«

Kim schüttelte den Kopf und betrachtete konzentriert die Ansichtskarten.

»Die sind aber alle ziemlich kitschig, findest du nicht?«, fragte Franzi, die über Kims Schulter lugte.

»Stimmt«, seufzte Kim. »Aber ich wollte Camilla unbedingt eine schicken ... Sieh mal, hier ist eine Schwarzwälder Kirschtorte drauf. Mit Rezept!« Kims Augen fingen an zu leuchten.

»Du willst nur Camilla eine Karte schicken?« Marie zwinkerte Franzi zu. »Warum nicht David? Oder deinen Eltern?«
»Weil ich es Camilla versprochen habe!«, blaffte Kim zurück. »Außerdem will ich die Karte ja nicht gleich heute verschicken! Aber da wir gerade hier sind, kann ich doch eine mitnehmen.«
Kim hatte einen roten Kopf bekommen. Warum zogen Franzi und Marie sie so auf? Versprochen war versprochen, was war daran so schlimm, einer Freundin eine Ansichtskarte zu schicken? Warum sie so wütend und rot geworden war, konnte Kim trotzdem nicht so recht verstehen. Hastig zog sie eine Karte aus dem Drehständer, auf der in verschnörkelter Schrift »Grüße aus Dachsmoos« stand und ein Wasserfall, Wald, eine Schwarzwälder Kirschtorte und eine Kuckucksuhr abgebildet waren.
»Ich bezahle die Karte schnell, vielleicht beruhigt ihr euch währenddessen«, brummelte Kim.
»Du willst deinem David wirklich keine Karte schicken?«, fragte Marie noch mal.
Kim verdrehte die Augen, nahm sich trotzig die Schwarzwälder-Kirschtorten-Karte und stapfte in den Laden.
Als Kim das kleine Geschäft wieder verließ, fiel ihr sofort der reumütige Blick von Marie und Franzi auf.
»Sorry, Kim, wir haben es echt etwas übertrieben«, meinte Marie kleinlaut.
»Schon gut.« Kim winkte ab. »Aber was sollte das denn?«
»Wir fanden es einfach ein bisschen süß, dass du heute schon Postkarten verschicken willst«, antwortete Franzi. »Und Camilla ist bei dir gerade sehr … ähm, präsent.«

»Ich habe die Karten erst mal nur gekauft, noch nicht verschickt! Wenn ich ohne euch wegfahre, schicke ich euch doch auch Karten.« Kim bemerkte, dass ihre Wangen schon wieder rot und heiß wurden. Was sollte das denn jetzt? Kim fuhr sich mit der Hand über das Gesicht, als könne sie damit die Röte wegwischen. »Wollen wir weiter?«

Die drei folgten schweigend der Hauptstraße durch das kleine beschauliche Dorf. Kim ärgerte sich. Sie hatte überhaupt nicht daran gedacht, auch für David eine Karte zu kaufen. Gut, dass Marie sie darauf hingewiesen hatte, auch wenn der eigentliche Grund dafür gewesen war, sie aufzuziehen. Bloß wem sollte sie jetzt die Torten-Karte schicken ... Camilla oder David?

Kim war so in ihre Gedanken versunken, sie hatte gar nicht bemerkt, dass Franzi stehen geblieben war.

»Seht mal«, sagte Franzi und deutete auf ein Plakat, das an einer Straßenlaterne befestigt war.

Kim schaute hoch. »Leben mit einem Raubtier? Luchse in Dachsmoos. Zwischen Tierschutz und Sorge, Einladung zur Diskussion im Gemeinschaftshaus«, las sie murmelnd vor. Darunter waren zwei Fotos abgedruckt, eines zeigte einen zähnefletschenden Luchs, das andere ein Schaf auf einer Weide, das direkt in die Kamera geblickt hatte und jetzt so wirkte, als schaute es seine Betrachter unmittelbar an.

»Was soll das denn?«, wunderte sich Marie. »Luchse, hier?«

Franzi zuckte mit den Schultern. »Klingt komisch. Und dieses Foto von dem zähnefletschenden Luchs – soll das absichtlich gefährlich wirken?«

Kim gähnte herzhaft. »Vielleicht erfahren wir noch etwas darüber.« Sie warf einen Blick auf ihre Uhr. »Wollen wir langsam zurück zur Herberge?«

Auch Marie und Franzi bemerkten jetzt, wie müde sie eigentlich waren nach der langen Zugfahrt und all den neuen Eindrücken dieses langen Tages.

»Hoffentlich gibt es etwas Gutes zu essen, ich habe so einen Hunger!«, erklärte Franzi.

»Ich glaube, ich habe etwas von Gemüse-Lasagne am Schwarzen Brett gelesen«, sagte Marie.

»Das klingt mehr als gut, dann nichts wie los«, seufzte Franzi sehnsüchtig.

Fund im Wald

»Herzlich willkommen, liebe zukünftige Junior-Rangerinnen und -Ranger«, sagte eine Frau in brauner Cargohose und einem kakifarbenen Hemd. Sie war von der langen Frühstückstafel aufgestanden, die an diesem Morgen für alle Teilnehmenden im Speisesaal der Jugendherberge gedeckt worden war.

Kim war schon vor Franzi und Marie aufgewacht. Aufregung kribbelte auch jetzt noch in ihrem Bauch. Ob sie heute schon in den Kletterwald gehen würden? Ihre erste Sorge hatte sich als unbegründet herausgestellt: Die anderen Jugendlichen im Workshop waren supernett! Kim, Franzi und Marie hatten sich während des Frühstücks mit Yasmin, Lene und Julius unterhalten, die alle drei aus Dachsmoos kamen. Franzi hatte zwar gesagt, dass sie am ersten Tag bestimmt noch nicht klettern gehen würden, aber was, wenn doch? Kim schluckte. Sie fühlte sich nicht sehr bereit dafür.

»Mein Name ist Paula Andris«, stellte sich die Frau vor, »ich bin Rangerin in diesem Teil des Hochschwarzwaldes rund um Dachsmoos. Wir freuen uns, dass ihr dabei seid und drei von euch sogar von weiter her speziell für den Workshop angereist sind.«

Kim, Franzi und Marie lächelten in die Runde.

Paula Andris stellte ihre Kollegen vor, Lennart Bühler und Georg, genannt Schorsch, Thoma. »Im Grunde sind wir die guten Geister des Waldes, denn wir passen auf den Wald auf. Und wir machen Workshops wie diesen, in denen wir kleinen und großen Menschen die Wichtigkeit von Natur und Naturschutzgebieten erklären. Darum legen wir auch gleich los und gehen direkt in den Wald.«

»Aber vorher wollen wir noch mit euch unser Programm für diese Woche besprechen«, warf Lennart ein.

Paula lachte. »Da war ich wohl etwas vorschnell.«

Die drei Ranger stellten den Jugendlichen das Wochenprogramm vor. Kim war so gespannt, dass sie kaum zu atmen wagte. Dann stieß sie erleichtert die Luft aus. Lene, ihre Sitznachbarin, warf Kim einen erstaunten Blick zu.

»Uff, zum Glück gehen wir nicht gleich klettern«, flüsterte Kim, als sie, Franzi und Marie ihre Teller abräumten. Kim war sich fast sicher, dass die anderen den riesengroßen Brocken gehört hatten, der ihr vom Herzen gefallen war. Sie fühlte sich jetzt auf jeden Fall viel leichter.

»Wenn du nicht klettern möchtest, ist das doch okay«, antwortete Franzi leise. »Du musst das nicht machen. Darüber hatten wir doch schon gesprochen.«

»Aber ich möchte es mir zumindest anschauen«, antwortete Kim. »Nur eben noch nicht heute.«

Kim ging zurück zum Tisch und packte ihre Wasserflasche in den Rucksack. Darin befanden sich bereits eine Regenjacke, eine Regenhose, eine Wollmütze und ein Halstuch sowie ihr Taschenmesser. Außerdem hatte sie die Gartenhandschuhe ihres Vaters ausgeliehen. Auch die anderen schulterten ihre Rucksäcke mit der Ausrüstung, die sie alle hatten mitbringen sollen.
»Lasst uns zu Paula vorgehen«, schlug Franzi beim Verlassen der Jugendherberge vor, »dann können wir sie ein wenig ausfragen.«
Bevor Marie und Kim nachhaken konnten, wozu sie Paula ausfragen sollten, hatte Franzi sich schon durch die Menge nach vorn geschlängelt und zur Rangerin aufgeschlossen. Die beiden beeilten sich, Franzi einzuholen.
»Was machst du denn genau als Rangerin?«, wollte Franzi von Paula wissen.
»Das ist ein so vielseitiger Beruf, wo soll ich anfangen ...«, begann sie. »Also zum einen sind Ranger für den Naturschutz zuständig. Wir halten Wege sauber und achten auf die Sicherheit im Wald. Wir bringen etwa Wegbegrenzungen an und kontrollieren, dass sie immer intakt sind. Wir achten auf die Bestände von Wildtieren und -pflanzen, dokumentieren sie und arbeiten mit Universitäten zusammen. Neben dem aktiven Naturschutz halten wir aber auch Vorträge, bieten Führungen an, erstellen Schautafeln und Wegweiser und geben Workshops wie diesen hier. Eigentlich heißt es offiziell in Deutschland nicht Ranger, sondern Natur- und Landschaftspflegerin. Das trifft es ganz gut, finde ich.«

»Das klingt toll«, staunte Franzi. »Dann seid ihr den ganzen Tag draußen?«

Paula lachte. »Schön wäre es, aber es gibt auch Arbeit am Computer zu erledigen und die Vorträge finden oft drinnen statt.«

»Und wie wird man Rangerin?«, fragte Kim.

»Man sollte einen sogenannten grünen Beruf erlernt haben«, erklärte Paula. »Also im weitesten Sinne etwas mit Natur machen. Ich bin eigentlich Forstwirtin und habe fünf Jahre in dem Beruf gearbeitet, bevor ich die Fortbildung zur Rangerin gemacht habe. Lennart war vorher Baumschulgärtner.«

Paula und Franzi unterhielten sich angeregt, bis Franzi fast in Marie hineinlief, die auf einmal stehen geblieben war.

»Was hat das eigentlich zu bedeuten?« Marie zeigte auf eines der Schilder, die ihnen am vergangenen Tag schon beim Spaziergang durch Dachsmoos aufgefallen waren.

Paula stöhnte und verdrehte die Augen. »Also zuerst mal«, begann sie seufzend, »sind die Luchse gar nicht *in* Dachsmoos. Aber es stimmt, dass sich zwei Luchse im Schwarzwald angesiedelt haben und ja, das ganz in der Nähe, aber eben nicht hier. Und der Luchs auf dem Foto dort gähnt. Alle Katzen legen beim Zeigen ihrer Zähne die Ohren an und verengen die Augen zu Schlitzen. Luchse sind in Deutschland extrem selten und waren fast 150 Jahre lang ausgerottet! Dass sich inzwischen Luchse nach Auswilderungen in großen, zusammenhängenden Waldgebieten ansiedeln, ist etwas ganz Besonderes. Darauf sollten wir stolz sein und uns freuen, dass unser Wald so gesund und intakt ist, dass Luchse hier ein Zuhause finden.«

»Dich macht dieses Plakat ziemlich wütend, oder?«, fragte Kim vorsichtig nach Paulas flammender Rede.
»Euch entgeht wohl nichts«, meinte Paula grinsend. »Das ist eine perfekte Eigenschaft für angehende Junior-Rangerinnen. Mich macht das Plakat wütend, weil hier mit Ängsten gespielt wird. Die Luchse werden nicht in unser Dorf kommen und Schafe reißen oder die Hühner aus dem Garten stehlen. Aber manche Dachsmooser glauben, die Luchse sind eine Gefahr für die oben an den Hängen grasenden Schafe und Ziegen oder sogar für Wanderer.«
»Was denkst du?«, fragte Kim.
»Wir Ranger und auch die Förster sind uns einig, dass das nahezu ausgeschlossen ist. Das wäre kein typisches Verhalten für Luchse. Außerdem sind sie nachtaktiv und finden in den Wäldern ausreichend tierische Beute. Das werde ich auch auf der Veranstaltung morgen verdeutlichen. Nina Waldvogel, eine Schäferin von hier, und ich werden miteinander und dem Publikum diskutieren. Das könnte ein hitziges Gespräch werden«, sagte Paula lachend.
»Also werden wir die Luchse im Wald nicht sehen?«, fragte Marie.
Paula schüttelte den Kopf. »Das ist extrem unwahrscheinlich. Luchse sind sehr scheue Tiere und machen einen großen Bogen um Menschen. Darum leben sie auch nur in wirklich großen und fast unberührten Wäldern. So tief in den Wald werden wir nicht gehen, und wenn, ist der Luchs weg, sobald er uns wittert oder hört. Luchse lassen sich nicht gern beobachten und wir

wollen sie auch gänzlich in Ruhe lassen, damit sie sich hier wohlfühlen. Vielleicht sind die Luchse auch nur auf Durchreise gewesen und längst wieder verschwunden.«
Als die Gruppe den Waldrand erreicht hatte, rief Paula: »Darf ich um eure Aufmerksamkeit bitten? Es ist ganz wichtig, dass ihr immer in Rufweite zur Gruppe bleibt. Ihr habt alle unsere Handynummern eingespeichert, aber im Wald ist der Handyempfang nicht so gut. Wir wollen den Wald später wieder so verlassen, wie wir ihn vorgefunden haben. Darum ist die zweitwichtigste Regel, dass wir keinen Müll hinterlassen und Pflanzen nicht mutwillig zerstören. Alles klar? Super, dann suchen wir zuerst einen geeigneten Lagerplatz für die kommende Woche.«
Obwohl Dachsmoos ein so ruhiger und beschaulicher Ort war, fiel Kim sofort auf, dass es im Wald noch viel ruhiger war. Die Gespräche der anderen klangen gedämpfter, das trockene Laub des letzten Herbstes raschelte und knackte unter ihren Füßen. Es roch nach feuchter Erde und Moos, die Luft war kühl. Gut, dass sie ihre dicke Weste über den Pulli und die Ski-Unterwäsche gezogen hatte. Auch Franzi und Marie waren dick eingemummelt, die Teilnehmenden des Workshops hatten vorab eine ausführliche Packliste bekommen. Zuerst hatte sich Kim über all die fast winterliche Kleidung gewundert, die sie einpacken und mitbringen sollten, aber klar, hier im Süden Deutschlands und auf dieser Höhe war der Frühling noch nicht so weit fortgeschritten wie in ihrer Heimatstadt.
»Der Lagerplatz ist in den kommenden Tagen so etwas wie unser Basis-Camp«, erklärte Schorsch. »Dort könnt ihr eure

Rücksäcke ablegen, wir machen Feuer, über dem wir gemeinsam kochen, und wir halten uns immer im Umkreis unseres Camps auf.«

»Woher wissen wir denn, wie der Lagerplatz aussehen muss?«, fragte Yasmin.

Schorsch lachte: »Ausgezeichnete Frage! Da habe ich wohl das Wichtigste unterschlagen. Also, der Platz sollte eben sein und nicht abschüssig. Weil wir Feuer machen wollen, sollten wir genügend Äste in der Umgebung finden können, wir wollen und dürfen keine Bäume fällen oder Äste absägen. Ein Bach in der Nähe wäre gut, ist aber kein Muss. Und zu guter Letzt sollten ausschließlich kräftige und lebende Bäume in unmittelbarer Nähe stehen, damit keine Verletzungsgefahr durch herabstürzende Äste besteht.«

»Das sind aber viele Anforderungen«, fand Marie.

»Ihr werdet es sicher schaffen!«, meinte Paula und zwinkerte Marie zu.

Franzi klopfte Marie auf die Schulter. »Na klar, wir finden das perfekte Camp, los geht's!«

Doch zunächst war es gar nicht so einfach. Der erste Platz, den die Gruppe für ihr Basis-Lager ins Auge fasste, war umgeben von abgestorbenen Bäumen, die durch den Befall mit Borkenkäfern geschädigt worden waren, wie Lennart ihnen erklärte. Die nächste Lichtung war zu klein und lag auch noch etwas abschüssig an einem Hang.

»Seid ihr euch sicher, dass es einen passenden Platz in diesem Wald gibt?«, fragte Julius ungeduldig.

»Da vorne ist noch eine Lichtung!«, rief Kim. »Die könnte es sein.« Sie lief vor und der Rest der Gruppe folgte ihr. »Keine gefährlich aussehenden Bäume, die Lichtung ist groß genug und kein bisschen abschüssig«, erklärte Kim zufrieden.

»Das ist wirklich ein perfekter Lagerplatz«, erklärte Lene. »Hier schlagen wir unser Camp auf!«

»Es gibt sogar einen Bach!«, rief Yasmin. Sie hatte hinter einer wilden Hecke aus flachen Sträuchern einen kleinen Bach entdeckt.

»Prima, das habt ihr sehr gut gemacht!«, lobte Paula.

Zuerst sollte das Lager eingerichtet werden. Einige der Jugendlichen würden mit Lennart Steine suchen, um einen Feuerplatz zu errichten, andere sollten gemeinsam mit Schorsch ein Tarp, eine Art großes Zeltdach, aufhängen, das als Regenschutz dienen sollte. Kim, Franzi und Marie meldeten sich freiwillig zum Brennholzsuchen, ihnen schloss sich Yasmin an. Paula begleitete sie.

Der kleine Brennholzsuchtrupp hatte sich etwas vom Camp entfernt, als Paula stehen blieb und schnupperte. »Riecht ihr das?«, fragte sie.

Die vier Mädchen richteten sich auf und schnupperten. Kim kam der Geruch bekannt vor: »So riecht es bei uns in der Küche, wenn Papa kocht, der liebt nämlich Knoblauch. Aber das kann nicht sein, oder?«

»Stimmt, Knoblauch!«, sagte Franzi nickend.

»Ihr habt absolut recht, es riecht nach Knoblauch.« Paula bückte sich und pflückte ein längliches grünes Blatt und hielt es in die Luft. »Das hier ist Bärlauch, habt ihr vielleicht schon mal gegessen.«

»Ja, als Pesto!«, fiel Marie ein. »Aber mein Papa kauft den Bärlauch auf dem Markt.«

Paula schmunzelte. »Das kann man machen. Zwischen Februar und Mitte April könnt ihr Bärlauch aber auch selbst pflücken, in Wäldern und an Waldrändern in der Nähe von Bächen.« Die Rangerin erklärte ihnen auch noch, dass man nicht zu viel vom Bärlauch pflücken sollte, pro Pflanze immer nur ein oder zwei Blätter und insgesamt auch nur so viel, wie man sicher verbrauchen konnte. »Außerdem kann Bärlauch leicht mit Maiglöckchen verwechselt werden«, warnte Paula. »Maiglöckchen sind giftig. Typisch für Bärlauch ist sein scharfer Knoblauchgeruch. Ansonsten könnt ihr Bärlauch und Maiglöckchen anhand ihrer Blätter unterscheiden.« Paula hielt ihnen das Bärlauchblatt hin. »Bärlauchblätter sind an der Unterseite matt. Maiglöckchen glänzend. Zudem hat Bärlauch einen deutlich erkennbaren Stiel pro Blatt, Maiglöckchen hingegen zwei oder drei Stiele, die einander umwickeln. Aber grundsätzlich gilt: Wenn ihr euch unsicher seid, nicht pflücken!«

Paula zog einen zusammengerollten Stoffbeutel aus ihrer Jackentasche und schüttelte ihn auf. »Wir können Bärlauch sammeln«, schlug sie vor. »Daraus machen wir ein Pesto als Topping für unsere Suppe, die es heute zum Mittagessen gibt.«

Das war eine gute Idee! Gemeinsam pflückten Kim, Franzi, Marie, Yasmin und Paula einige Handvoll Bärlauchblätter, im-

mer darauf achtend, nicht zu viele Blätter von einer Pflanze zu nehmen.
Dann entdeckte Paula etwas: »Und hier wächst noch eine essbare Wildpflanze. Wer kann sie sehen?«
Kim schaute sich um. Außer Bäumen, einigen Brennnesseln unter einem Strauch und vereinzelten Pflanzen am Boden und dem Bärlauch konnte sie nichts entdecken, was ihr essbar erschien. Auch Franzi und Marie blickten Paula ratlos an.
Nur Yasmin hatte eine Idee. »Ich weiß«, rief sie. »Brennnesseln!«
»Brennnesseln kann man essen?«, wunderte sich Marie. »Die piken doch im Mund, oder?«
Yasmin schüttelte den Kopf. »Nein, gar nicht. Meine Oma macht immer Brennnesselsuppe oder Teigtaschen gefüllt mit Ziegenkäse und Brennnesseln, das schmeckt richtig lecker. Und pikst kein bisschen.«
Yasmin zeigte ihnen, wie man Brennnesseln pflückte, ohne dass sie das unangenehme Brennen und Stechen auf der Haut verursachten. Dafür zog sie die Blätter von unten nach oben von den Stängeln. »Die Brennhaare sitzen oben auf den Blättern. Meine Oma sagt immer, irgendwann gewöhnt sich die Haut an Brennnesseln, sie pflückt Brennnesseln einfach so und ohne Handschuhe. So weit bin ich aber noch lange nicht.«
»Lasst uns doch auch Brennnesseln für das Pesto mitnehmen«, meinte Franzi.
Vorsichtig probierte Kim die Brennnesselblätter so vom Stiel der Pflanze abzuziehen, wie Yasmin es ihnen gezeigt hatte.

»Brennt gar nicht!«, rief sie erstaunt und ließ die Brennnesselblätter in den Stoffbeutel fallen.
»Die Samen von den Brennnesseln kann man auch essen«, fiel Yasmin noch ein. »Hier diese kleinen Büschelchen oben an den Stielen. Aber die hier sind noch nicht reif. Man kann sie roh oder in der Pfanne geröstet essen, sie schmecken nussig.«
»Danke, Yasmin!«, sagte Paula beeindruckt. »Du bist ja schon eine echte Wildpflanzenexpertin! Lasst uns jetzt noch nach Brennholz Ausschau halten und dann zum Camp zurückkehren.«
»Hier drüben sind einige herabgefallene Äste«, rief Franzi.

Die vier Mädchen und Paula trugen ihr gesammeltes Brennholz zum Camp und stapelten es neben der Feuerstelle, die bereits im Entstehen war. Noch waren allerdings nicht genug Steine gefunden, um einen sicheren Kreis zu legen, aus dem das Feuer nicht ausbrechen und auf den darum liegenden Waldboden übergreifen konnte.
»Feuermachen im Wald ist übrigens streng verboten«, erklärte Paula. »Wir haben allerdings eine Genehmigung und darum dürfen wir das ausnahmsweise.«
»Wer möchte das Feuer machen?«, fragte Schorsch in die Runde und zu Kims und Franzis Überraschung meldete sich Marie sofort. Schorsch übergab ihr etwas, das wie ein Schlüsselanhänger aussah.
»Was ist das?«, fragte Marie. Sie betrachtete die zwei kleinen metallischen Stäbe, die beide einen leuchtend neongrünen

Griff hatten und durch eine Kordel miteinander verbunden waren.

»Das ist ein Feuerstahl«, antwortete der Ranger. »Den brauchst du gleich, aber jetzt bereitest du zunächst alles für das Feuer vor.« Schorsch erklärte Marie Schritt für Schritt, was zu tun war. Zuerst schichtete sie etwas von dem gesammelten Feuerholz zu einer Art Trapez auf, dazu nahm sie kleine, schmale Holzstücke und Äste. Etwas trockenes Gras stopfte sie in die Mitte.

»Jetzt hat der Feuerstahl seinen Einsatz«, verkündete Schorsch. »Die eine Hälfte mit dem langen Stab hältst du fest und leicht schräg in Richtung des trockenen Grases. Genau so. Das andere flache Teil ziehst du mit einer kräftigen, zügigen Bewegung an dem Feuerstahl herunter.«

Marie probierte es, aber nichts passierte.

»Einfach immer weiter, bis ein Funke entsteht«, ermunterte sie Schorsch.

Konzentriert versuchte Marie es noch mal, ein Funke blitzte auf! »Huch!«, rief Marie und lachte. Damit hatte sie nicht gerechnet. Der Funke hatte aber nicht ausgereicht, um das trockene Gras zu entzünden.

Nach einigen weiteren Versuchen flog ein Funken in das trockene Gras. Marie hielt rasch schützend ihre Hände darüber und pustete vorsichtig. Zuerst sah es so aus, als sei der Funke wieder erloschen, doch als sie ihre Hände wegnahm und noch einmal pustete, knisterte und knackte das Gras und eine kleine Flamme loderte auf.

Nach und nach legte Marie größere Äste auf das kleine Feuer, die sich schnell entzündeten.
»Du bist ein Naturtalent!«, staunte Franzi.
Marie stand auf und lächelte stolz. »Das hättest du nicht von mir erwartet, was?«, fragte sie und knuffte Franzi neckend in die Seite.
»Ja, stimmt«, gab Franzi zu und wehrte Marie ab. »Aber ich bin beeindruckt!«
Lennart erklärte, dass das Feuer nie unbeobachtet bleiben dürfe. »Ich passe jetzt darauf auf, während ihr mit Paula und Schorsch weitermacht.«
Beim Frühstück hatte Paula ihnen bei der Vorstellung der Workshopwoche bereits gesagt, dass heute das Thema »Lebensraum Wald« auf dem Programm stand.
»Schaut euch mal um: Für wen oder was ist der Wald ein Lebensraum?«, fragte Paula.
Die Jugendlichen blickten sich um und nach und nach kamen einige Wortmeldungen: Vögel, Rehe, Eichhörnchen, Füchse wurden aufgezählt.
Paula nickte. »Wir fangen mal ganz klein an«, sagte sie und kniete sich hin. Mit den Händen schob sie etwas Laub vom Waldboden und griff in die darunter liegende, fast schwarze Erde. »Schaut mal, wie es in dieser Erde krabbelt und wimmelt.«
Paula erhob sich und zeigte den Jugendlichen die Erde in ihrer Hand. »Diese Kleinstlebewesen fressen und zersetzen das Laub und alle natürlichen Materialien, die auf dem Waldboden landen. Durch ihren Stoffwechsel entsteht dieser nährstoffreiche

Waldboden. So können die Pflanzen optimal wachsen und haben natürlichen Dünger, außerdem speichert Humus besonders gut Wasser. Auch das ist sehr wichtig.«

Sogar Franzi schwirrte der Kopf. Dass im Wald so viel los war, ließ sich auf den ersten Blick nicht vermuten. Sie hatten einen umgestürzten Baum untersucht, der zahlreichen Tieren, Pilzen und Flechten ein Zuhause bot, wie auch lebende, gesunde Bäume wiederum anderen Lebewesen ein Zuhause und Nahrung boten.

»Alles hängt im Wald miteinander zusammen, wie ein Puzzle«, schloss Paula. »Und wenn ein Stück fehlt, dann ergibt das Puzzle kein vollständiges Bild.« Sie schaute in die Runde. »Ihr seht hungrig aus«, stellte sie lachend fest. »Dann kommt, wir kümmern uns ums Mittagessen.«

Kim und Franzi zupften Bärlauch und Brennnesseln klein und zerstießen die Kräuter mit Öl, Salz, Pfeffer und Haselnüssen zu einem cremigen Pesto. Marie hatte sich Yasmin und Julius angeschlossen, die Gemüse für den Eintopf schnippelten, der schon bald im Kessel über dem Lagerfeuer köchelte und einen köstlichen Duft auf der Lichtung verbreitete.

Mit einer großen Schöpfkelle bekam jeder von ihnen Eintopf in eine Schale gefüllt und darauf gab es einen Löffel vom selbst gemachten Wildkräuterpesto.

»Ich glaube, draußen schmeckt es doppelt so gut«, sagte Franzi und löffelte genüsslich ihre Schale leer. »Nimmt noch jemand Nachschlag?«

Bevor jemand antworten konnte, hallte ein Ruf durch den Wald.

»Das ist Schorsch!«, rief Lennart. »Das kam von dahinten!«
Schorsch war vor wenigen Minuten aufgestanden, um neues Holz für das Lagerfeuer zu holen.
Lennart sprang auf und lief in die Richtung, in der er Schorsch vermutete. Auch Paula stellte sofort ihre Suppenschüssel beiseite und folgte ihm. Die Jugendlichen schlossen sich den beiden Rangern an.
»Hoffentlich ist niemandem etwas passiert!«, schoss es Kim durch den Kopf, als sie Paula und Lennart mit großen Schritten folgte.
Sie erreichten Schorsch, ihm war nichts passiert. Aber er sah ernst aus. Schorsch deutete mit finsterer Miene neben sich und trat einen Schritt zurück. Neben ihm stand ein hüfthoher, rechteckiger Gitterkasten. An einer Seite war der Kasten geöffnet.
»Eine Tierfalle!«, platzte es aus Franzi heraus.

Kim traut sich

Geheimes Tagebuch von Kim Jülich
Dienstag, 18:12 Uhr

▸ Betreten verboten, dies ist ein Schutzgebiet! Kims Tagebuchschutzgebiet! Hier haben Unbefugte keinen Zutritt. Damit seid ihr gemeint, Ben und Lukas!!! ◂

Die Ranger sind sich sicher, dass die Falle aufgestellt worden ist, um ein großes Wildtier zu fangen. Vielleicht einen Luchs?! Ein Indiz ist sicherlich, dass sich Fleisch als Köder darin befand ... Ob Lennart und Paula schon mehr dazu wissen? Sie haben die Polizei und den Revierförster verständigt.

Indiz, Polizei – ich verwechsele wohl gerade mein Tagebuch mit dem Detektivtagebuch. Einmal Detektivin, immer Detektivin, aber hier wartet sicherlich kein neuer Fall auf uns, ausgerechnet in diesem kleinen verschlafenen Schwarzwalddörfchen, in dem wir unseren Junior-Ranger-Workshop machen!

Während Paula und Lennart auf die Polizei gewartet haben, sind wir anderen mit Schorsch zur Naturschutzstation gegangen, dort haben die Ranger ihr Büro und auch eine Werkstatt. Wir haben Nistkästen für verschiedene Waldvögel gebaut. Franzi, Marie und ich haben einen Nistkasten für Schwarzspechte gebaut, die Kästen hängen wir in den nächsten Tagen im Wald auf. Als Dach haben wir ein schönes Stück Rinde

verwendet, das ich vorhin zwischen den Bäumen gefunden habe. Das hat richtig Spaß gemacht, vielleicht baue ich zu Hause auch mal einen Vogelnistkasten für den Garten, den könnten wir am Birnbaum aufhängen.
Danach haben wir auf der Wiese neben der Naturschutzstation Stockbrot über dem Lagerfeuer gemacht. Jetzt gehe ich noch schnell heiß duschen und dann runter in den Speisesaal zum Abendessen. Ach stimmt, vorher wollte ich Camilla noch schreiben und ihr von heute erzählen. Das verschiebe ich besser auf nachher, ich bin schon etwas spät dran!

»Es hätten Tiere verletzt werden können!« Franzi biss wütend in ihr Vollkornbrötchen.
»Ja, und warum möchte überhaupt jemand ein Tier fangen?« Auch Lene war immer noch aufgebracht über den Fund der illegal aufgestellten Tierfalle im Wald. Das Thema beschäftigte an diesem Abend alle im Speisesaal in der Jugendherberge, es wurde wild durcheinandergeredet.
»Welches Tier wohl mit einem Fleischstück als Köder angelockt werden sollte? Das kann doch nur ein Marder, ein Fuchs, ein Dachs oder ein Wolf sein«, überlegte Lene weiter.
»Oder ein Luchs«, sagte Kim. Wollte jemand eines der seltenen und scheuen Tiere fangen? Aber warum? Aus Sensationslust? Oder um es einzufangen und woanders auszusetzen? Oder Schlimmeres? Kim schob ihre leere Müslischale von sich und lehnte sich zurück. Dabei stieß sie mit dem Rücken gegen ein Buch, das im Bücherregal stand, welches hinter ihr in die Wand eingelassen war. Sie seufzte, drehte sich um und wollte das Buch tiefer ins Regal hineinschieben, um sich besser anlehnen zu

können. Doch dabei glitt ihr das Buch aus der Hand und fiel unter die Sitzbank. Kim rutschte von der Bank und tauchte unter den Tisch, sie tastete nach dem Buch und fand es schnell. Ein paar Zettel und eine Wanderkarte waren wohl ebenfalls herausgefallen. Kim streckte ihren Arm aus und sammelte die Papiere ein. Mit vor Anstrengung hochrotem Kopf tauchte sie wieder auf.

»Alles in Ordnung?«, fragte Franzi.

Kim nickte und wollte die Zettel wieder zurück in das Buch stopfen, als ihr Blick auf einen ungewöhnlichen Brief fiel.

»Seht euch das mal an«, sagte sie leise zu Marie und Franzi, die ihr gegenübersaßen.

Die beiden beugten sich vor und blickten auf den Zettel, den Kim ihnen hinhielt. Die anderen Jugendlichen waren noch zu beschäftigt mit Spekulationen über die Tierfalle, sodass sie Kim, Franzi, Marie und den Zettel nicht beachteten.

Es war ein weißes Blatt Papier, auf das bunte Buchstaben, ausgeschnitten aus einer Zeitschrift, aufgeklebt waren.

»TOBIAS, HÖR SOFORT AUF MIT DEINEM BETRUG! GIB ES ZU, SONST ERFÄHRT ES DAS GANZE DORF!!!«, las Franzi leise vor. »Das ist ganz klar ein Erpresserbrief!«

Kims Herz begann schneller zu schlagen, in ihrem Kopf rasten die Gedanken. Was hatte das zu bedeuten? Wurde Tobias wirklich erpresst oder handelte es sich hierbei um einen Scherz?

»Wo hast du den Brief gefunden?«, wisperte Marie.

»Unter der Sitzbank, ich glaube, er ist aus einem Buch herausgefallen«, antwortete Kim.

»Was für ein Buch?«, wollte Franzi wissen.
Kim warf einen Blick auf das Buch, aus dem vermutlich der Zettel gerutscht war: *Die 20 schönsten Wanderwege im Hochschwarzwald.*
»Das hilft uns nicht weiter«, erklärte sie. »Sollen wir Tobias darauf ansprechen?«
Franzi und Marie nickten. Vor wenigen Minuten erst war Tobias an ihnen vorbei in die Küche gegangen. Die drei standen auf und gingen durch den Speisesaal zur Küche, die Tür war angelehnt. Kim neigte den Kopf und hielt lauschend ihr Ohr zum Türspalt. Tobias besprach offenbar gerade den Speiseplan mit dem Koch der Jugendherberge. »Er kommt«, zischte Kim schließlich. Mit Schwung stieß der Herbergsvater die Tür auf, zum Glück hatte Kim sein Kommen bemerkt! Das hätte eine Beule gegeben.
»Na, was macht ihr denn hier?«, fragte Tobias fröhlich. »Benötigt ihr etwas?«
»Nein, aber wir wollten dich etwas fragen«, begann Kim. Sie hielt ihm den Erpresserbrief hin. »Diesen Brief haben wir eben zufällig im Speisesaal gefunden. Klingt ziemlich bedrohlich, ist das ein echter Erpresserbrief?«
Tobias starrte auf den Brief in Kims Hand. »Ach so, das!« Er lachte, nahm Kim den Brief aus der Hand und stopfte ihn in seine Hosentasche. »Der Brief sollte da gar nicht liegen! Das ist … ähm, also, Nora und ich spielen gerne Gesellschaftsspiele. Meistens zusammen mit Freunden von uns und ich habe die ungute Eigenschaft zu schummeln. Also, ich versuche es oft.

Darum hat mir ein Freund aus der Spielrunde neulich diesen echt witzigen Brief geschrieben. Der soll mich daran erinnern, nicht immer zu schummeln. Na ja, ich muss jetzt mal los. Viel Spaß noch!« Tobias schob sich an den Mädchen vorbei und verschwand in der Eingangshalle der Jugendherberge.

»Das war seltsam, oder?«, fragte Franzi.

Kim nickte. »Total! Sein Lachen war auch so mechanisch, irgendwie gestellt. Und dann diese Geschichte mit den Spielen und dem Schummeln – ich weiß nicht!«

»Mir kam es auch so vor, als ob Tobias erschrocken ist«, stimmte Marie zu. »Wir sollten Nora bei Gelegenheit fragen, ob es diese Spielrunden wirklich gibt.«

»Vielleicht morgen früh«, schlug Franzi vor. »Das war wieder ein langer Tag, wollen wir auf unser Zimmer gehen?«

»Du hast recht, morgen ist auch noch ein Tag«, antwortete Marie.

Am nächsten Morgen verließen Kim, Franzi und Marie schon sehr zeitig ihr Zimmer in der Hoffnung, Nora allein und von den anderen unbemerkt abpassen zu können.

Mit ihren Rucksäcken bepackt stiegen sie die Treppe ins Foyer hinab.

»Da ist Nora. Hallo, Nora!«, rief Franzi etwas zu aufgeregt, als sie Nora glücklicherweise in der Eingangshalle trafen.

»Guten Morgen, freut ihr euch auf den Tag?«, fragte Nora. Sie war dabei, Kisten mit Gemüse aus einem kleinen Lieferwagen, der vor der Tür parkte, zu tragen.

»Ja, wir wollten dich etwas fragen«, sagte Marie. »Tobias hat uns erzählt, dass ihr große Fans von Gesellschaftsspielen seid. Wir auch! Du musst uns bitte unbedingt Tipps für besonders coole Spiele geben.«

Kim nickte. »Wir lieben Spiele!«

Nora lachte. »Das ist aber eine überraschende Frage. Das müssen wir mal in Ruhe besprechen und ihr müsst viel Zeit mitbringen – Tobi und ich sind echte Brettspiel-Nerds! Jetzt muss ich aber die Kiste abstellen, die ist sehr schwer.«

Winkend verabschiedeten sich die Mädchen von Nora. Als sie mit dem Gemüse in der Küche verschwunden war, murmelte Kim: »Es stimmt also, was Tobias sagt.«

»Na ja.« Franzi zuckte mit den Schultern. »Vielleicht stimmt das mit den Spielen. Aber ich glaube, dass hier ein paar andere Sachen ganz und gar nicht stimmen.«

»Dachsmoos ist womöglich nicht so ruhig und beschaulich, wie es scheint«, meinte Marie. »Glaubt ihr, das ist ein neuer Fall für uns?«

Der Kletterwald lag auf der gegenüberliegenden Seite von Dachsmoos, darum gingen die angehenden Junior-Ranger einen anderen Weg als am Tag zuvor. Auch heute fragte Franzi Paula wieder zu ihrer Arbeit als Rangerin aus. Kim und Marie unterhielten sich mit Lene, Yasmin und Julius.

»Geht ihr hier in Dachsmoos zur Schule?«, wollte Kim wissen.

Lene verneinte. »Wir gehen in der nächstgrößeren Stadt auf eine Gesamtschule. Aber während der Grundschulzeit hatten wir hier im Dorf Unterricht, alle Kinder waren zusammen in einer Klasse.«

»Das war lustig«, erinnerte sich Julius. »Aber wir hatten leider viel zu selten winterfrei.«

Marie wunderte sich: »Was heißt denn winterfrei?«

»Stimmt, so oft hatten wir noch gar nicht winterfrei«, entgegnete Yasmin, »ein- oder zweimal. Wenn es so doll schneit, dass die Straßen nicht befahrbar sind, müssen wir nicht zur Schule. Das hat sich aber inzwischen geändert, wir haben dann Homeschooling und machen Unterricht am PC.«

»Ja, leider«, seufzten Julius und Lene fast im Chor.

Die Gruppe hatte das Dorf hinter sich gelassen und lief auf einem Feldweg, der sich zwischen zwei Weiden entlangschlängelte und eine große Biegung vom Dorf weg machte. Schafe grasten auf beiden Seiten.

»Was ist das denn da für ein grauer Klotz?«, fragte Kim. Sie deutete auf eine hellgraue Halle, die vor einem Berghang stand, links und rechts war sie von Tannen gesäumt, fügte sich aber trotzdem nicht in das idyllische Schwarzwald-Panorama ein.

Lennart, der hinter ihnen ging, antwortete: »Passt nicht so richtig hierher, nicht wahr? Aber manche Leute glauben, dass diese Fabrik sehr, sehr wichtig für Dachsmoos ist.«

»Was wird denn dort hergestellt?«, fragte Marie.

»Schnee«, antwortete Lennart knapp.

»Bitte, was?«, entfuhr es Kim. Sie glaubte, sich verhört zu haben.

»Schnee«, sagte Lennart noch mal und lachte gequält. »Ist

wirklich so. Die Winter sind oftmals nicht mehr kalt genug und es fällt nicht ausreichend Schnee, damit die Skisaison von Oktober bis März andauern kann. Die meisten Menschen in Dachsmoos und auch in den umliegenden Orten leben vom Tourismus und im Winter eben vom Ski-Tourismus. Wir sind direkt vom Klimawandel betroffen und der kann für manche Dachsmooser existenzbedrohend sein. Vor zwei Jahren wurde diese Schnee-Fabrik gebaut, darin wird mit riesengroßen Schnee-Kanonen Schnee hergestellt und kann sogar gelagert werden. Mit Lkw oder auf Anhängern von Traktoren wird der Schnee dann bei Bedarf zu den Ski-Pisten transportiert.«

Kim konnte es noch immer nicht glauben. War das ein Scherz? Sie hatte noch nie von einer Schnee-Fabrik gehört, aber Lennart wirkte nicht, als machte er Witze.

»Habe ich das richtig gehört? Eine Schnee-Fabrik?« Franzi hatte ihr Gespräch mit Paula beendet und hatte zu der kleinen Gruppe um Lennart aufgeschlossen. »Das ist doch irre!« Vor Wut schäumend fuhr Franzi fort: »Die Fabrik produziert eine Menge Abgase und durch den Schneetransport zu den Pisten wird CO_2 in die Luft geblasen! Das verstärkt die Klimakrise doch nur noch mehr!« Nicht erst seit sie sich bei *Friends for Future* engagierte, war Franzi Umweltschutz sehr wichtig. Kim konnte sehen, dass ihre Freundin wirklich fassungslos war, dass es so etwas wie eine Schnee-Fabrik gab.

Auch Paula war inzwischen bei ihnen. Franzis hitzige Reaktion hatte sie neugierig gemacht. »Franzi, uns macht das genauso wütend wie dich«, gab Paula zu. »Aber ich kann auch die

Gastwirtinnen, die Ski-Schulen und Lift-Betreibenden verstehen und alle, die in diesen Betrieben arbeiten. Viele dieser Menschen verdienen in der Skisaison das Geld, das sie und ihre Familien für das gesamte Jahr benötigen. Ohne Schnee oder ohne ausreichend Schnee stehen diese Leute vor dem Nichts.«

Lennart nickte ernst. »Das ist alles nicht so einfach. Vor dem Bau der Fabrik wurde heftig darüber im Dorf diskutiert.«

»Wie jetzt über die Luchse«, stellte Kim fest.

Paula und Lennart stimmten ihr zu. »Wenn Menschen so eng zusammenleben wie hier in unserem abgeschiedenen Tal, gibt es immer wieder viel zu diskutieren«, sagte Lennart lachend.

»Das ist der Oberhammer!«, sagte Franzi plötzlich. Sie hatte den Kopf in den Nacken gelegt und blickte staunend nach oben. Zwischen den Bäumen des Waldes waren Kletterseile, Netze und Hängebrücken gespannt, die es zu überwinden galt, um zu den Plattformen aus Holz zu gelangen, die in schwindelerregender Höhe um die Baumkronen errichtet worden waren. Auch Marie staunte und sogar Kim war beeindruckt, aber zusätzlich hatte sie ein drückend-mulmiges Gefühl in der Magengegend. Das war alles ziemlich weit oben!

»Herzlich willkommen im Kletterwald *TreeFriends*!« Die Gruppe wurde von Patrick Andris, dem Besitzer des Kletterwalds, begrüßt. Er war kräftig-sportlich, hatte einen braunen Vollbart und seine langen braunen Haare lugten unter einer grünen Beanie-Mütze hervor.

»Das ist der Mann von Paula. Und der Vater von Lene«, flüsterte Yasmin Kim, Franzi und Marie zu.

»Ach wirklich? Wie cool ist es denn, einen Kletterwald sozusagen in der Familie zu haben?« Franzis Augen leuchteten. »Warum hat Lena das nicht erzählt?«

»Neue Kategorie Traummann von Franzi«, wisperte Marie, »Kletterparkbesitzer.«

»Aber Franzis Traummann ist doch in der Filmbranche, oder ist Maxi schon nicht mehr aktuell?«, fragte Kim leise.

»So ein Quatsch!«, zischte Franzi. »Erstens brauche ich keinen Typen, der einen Kletterpark hat, wenn das mein Traum wäre, hätte ich selbst so einen Kletterwald. Und Maximilian …«, Franzi zögerte, »da ist nix!«

Kim, Franzi und Marie hatten Maximilian bei den Ermittlungen während ihres 100. Falles kennengelernt und er war Teil der Filmcrew, die Helmut Grevenbroich in den Herbstferien nach Australien begleitet hatte. Die Mädchen waren mitgereist und hatten einen spektakulären Fall im australischen Outback gelöst, bei dem es zuerst schien, als sei auch Maximilian darin verwickelt. Auch wenn Franzi das jetzt leugnete, es ließ sich nicht abstreiten, dass sie den Produktionsassistenten sehr nett fand.

»Aber ihr schreibt euch doch noch, oder?«, fragte Kim.

Franzi winkte ab. »Ja, klar, aber das heißt doch nichts.«

Kim bemerkte einen zart rosafarbenen Hauch, der über Franzis Wangen huschte.

Bevor Kim Franzi darauf hinweisen konnte, verkündete Patrick Andris laut, dass es jetzt sehr wichtig war, dass alle bei den Sicherheitsunterweisungen aufmerksam zuhörten – dabei blickte er direkt in die Richtung der drei Freundinnen.

»Was neben der ganzen Technik und der Konzentration beim Klettern am wichtigsten ist«, schloss Patrick Andris seinen kurzen Vortrag ab, »ist Vertrauen, Kommunikation und eine gute Selbsteinschätzung. Vertrauen in euch selbst und in die Person, die euch sichert. Mit ihr seid ihr in ständiger Kommunikation. Und vertraut eurer Selbsteinschätzung. Ihr dürft euch beim Klettern ruhig etwas trauen und euch auch ausprobieren. Aber hört auf euer Bauchgefühl, das verrät euch, ob ihr höher oder weiter klettern solltet oder euch lieber abseilt.«

Kim nickte begeistert. Jetzt war sie überzeugt, dass sie sich nicht schämen brauchte, falls sie sich nicht trauen würde. Außerdem hatte sie bei einigen anderen Junior-Ranger-Anwärtern ebenfalls besorgte Blicke nach oben in die Baumwipfel bemerkt.

Nachdem ihnen zwei Mitarbeiterinnen das Klettern und Sichern am Boden noch mal genau gezeigt hatten, sollte es losgehen. Die ersten Kletterübungen würden in Zweiergruppen stattfinden, Franzi und Kim taten sich zusammen und Marie hatte Yasmin als Partnerin.

Bevor sie starteten, zog Kim ein beigefarbenes Cap aus ihrem Rucksack und setzte es auf.

»Die Sonne scheint doch gar nicht so stark«, sagte Franzi.

Kim hatte befürchtet, dass Franzi das Käppi kommentieren würde. Camilla hatte es ihr geschenkt, bevor Kim nach Australien geflogen war. »Das ist mein Glückskäppi«, erklärte sie, »das hatte ich doch schon in Australien dabei.«

»Ach stimmt. Daran erinnere ich mich natürlich«, sagte Franzi.

Mehr sagte Franzi dazu nicht und das überraschte Kim etwas. Aber sie war auch beruhigt. Das Cap war ihr eben wichtig und sie glaubte wirklich, dass es ihr Glück brachte. Auch, weil es von Camilla war. Sie legten die Klettergurte an. Mit einem Karabiner wurde das Sicherungsseil an Kims Gurt befestigt, das auch an Franzis Klettergurt festgemacht war. Dann gab es noch eine kleine Enttäuschung für Kim: Sie durfte ihr Käppi nicht tragen, weil sie einen Sturzhelm aufsetzen mussten. Also steckte sie es zurück in ihren Rucksack.

Kim stand breitbeinig und sicher, das Seil hielt sie mit beiden Händen fest. Konzentriert und bewundernd blickte sie Franzi hinterher, die unerschrocken das Netz hinauf zu der ersten Plattform kletterte. Geschmeidig wie eine Schleichkatze balancierte sie danach über ein Tau.

Nach zehn Minuten schlug Patrick vor, dass die Gruppen jetzt tauschen konnten. Kim seilte Franzi ab, die sicher am Boden landete.

»Das war toll«, sagte Franzi strahlend. »Versuchst du es auch?«

Kim blickte nach oben. Das Netz war wahrscheinlich leicht zu erklimmen und die erste Plattform nicht sehr weit oben. Außerdem sicherte Franzi sie, ihr konnte Kim vertrauen.

»Ja«, sagte Kim so leise, dass Franzi sie im ersten Moment gar nicht hörte.

Sie prüfte den Sitz ihres Schutzhelmes, atmete tief durch und stellte ihren Fuß in die erste Schlaufe des Netzes. Langsam arbeitete sie sich vor, von unten rief Franzi: »Das machst du super! Einfach weiter in deinem Tempo, nicht hektisch werden.«

Obwohl Franzi das natürlich nicht sehen konnte, nickte Kim. Gleich war sie an der Plattform. Ihre Hände berührten schon das Holz, sie musste nur noch in die letzte Masche des aus dickem Seil geknüpften Netzes treten, dann konnte sie sich hochziehen. Geschafft! Sie hatte es geschafft. Kim hielt sich am Baumstamm fest und richtete sich auf, jetzt stand sie auf der Plattform. Sie lächelte.

Doch was nun? Kim schaute runter zu Franzi, die überraschend klein aussah. Von unten hatte die Plattform nicht gewirkt, als sei sie so weit oben. Kim machte einen Schritt zurück und lehnte sich mit dem Rücken an den Baumstamm. Durchatmen, sagte sie sich.

»Was jetzt?«, rief Kim zu Franzi hinunter.

»Wie, was jetzt?«, antwortete Franzi.

»Was mache ich denn jetzt?«

Franzi verstand. »Du kannst über das dicke Seil vor dir zur nächsten Plattform balancieren. Dabei kannst du deine Arme ausstrecken und dich links und rechts an den Seilen festhalten, wie an einem Geländer.«

Stimmt, da schwebten Seile links und rechts neben dem Baumstamm. Konnte sie die mit ausgestreckten Armen wirklich erreichen? Und war der Baumstamm breit genug, um darauf zu balancieren?

»Alles okay?«, wollte Franzi wissen.

Wie um die zweifelnden Gedanken zu vertreiben, nickte Kim heftig.

»Ich versuche es mal«, antwortete sie mit fester Stimme.

Kim setzte den rechten Fuß auf das Tau und hielt sich an den Seilen zu beiden Seiten fest. Das wackelte ganz schön! Kim atmete tief durch. Dann zog sie den linken Fuß nach. Wieder begann das Tau zu schwingen, dieses Mal etwas stärker als zuvor. »Hilfe!«, war das Letzte, was Kim denken konnte. Dann wurde ihr schwarz vor Augen.

Aufruhr in Dachsmoos

Schnell machte Kim einen Schritt zurück und stand wieder sicher mit beiden Füßen auf der Plattform. Sie schüttelte sich. Für einen kurzen Moment war ihr schwindelig geworden.
»Ich möchte doch runter!« Kim bemerkte, dass ihre Stimme viel schriller war als beabsichtigt.
»Okay, ich seile dich ab!«, rief Franzi.
Mit beiden Händen klammerte sich Kim am Seil fest und ging in eine hockende Position. So konnte Franzi sie herunterlassen. Als sie wieder festen Boden unter den Füßen hatte, atmete Kim erleichtert durch. Das Klettergeschirr wollte sie so schnell wie möglich loswerden. »Ich bin echt enttäuscht«, murmelte Kim.
Franzi, die ihrer Freundin aus dem Klettergurt half, stockte: »Wieso das denn?«
Mit hängendem Kopf antwortete Kim: »Ich habe es gar nicht richtig versucht.«
»Das stimmt doch nicht, Kim!« Franzi klang ehrlich verblüfft. »Schau mal, du warst da oben. Du hast dich getraut und es ver-

sucht und das ist doch super! Und du hast auf dein Bauchgefühl gehört, das sollen wir doch.«

Kim zuckte mit den Schultern. Wahrscheinlich hatte Franzi recht, aber im Moment überwog noch ihre Enttäuschung über sich selbst.

»Na, wie war's?« Das war Marie. Ihre Augen glitzerten vor Begeisterung, ihr hatte das Klettern viel Spaß gemacht.

Franzi erzählte ihr von Kims Leistung, die Kim mit »Ach«- und »Ach was!«-Gemurmel abwehren wollte. Aber Marie ließ sich davon nicht ablenken und klopfte Kim fest auf die Schulter. »Du bist immer so bescheiden, das ist doch super für das erste Mal! Du kannst stolz auf dich sein, dass du dich getraut und das Klettern ausprobiert hast.«

Franzi nickte bestätigend. Nun freute sich Kim doch ein wenig.

Im Camp wurde die Gruppe von Schorsch begrüßt. Er hatte die Nistkästen, die sie gestern in der Werkstatt der Ranger gebaut hatten, mitgebracht, außerdem stand schon eine Leiter bereit.

Doch zuerst wollten sie gemeinsam Mittagessen kochen. Das war genau das Richtige, Kim hatte nach diesem aufregenden Vormittag schon mächtig Hunger.

Heute meldete sich Lene zum Feuermachen und Schorsch schlug vor, dass Marie ihr helfen könne, falls sie Fragen hatte.

Während Marie und Lene mit dem Feuer beschäftigt waren, hatten die anderen Jugendlichen die Zutaten für den Kartoffel-Eintopf vorbereitet, der bald schon über dem Feuer köchelte.

Dazu gab es auf einem heißen Stein gebackene Mini-Fladenbrote.

»Das war lecker«, seufzte Kim glücklich, nachdem sie ihre Suppenschüssel gründlich mit einem Rest Brot ausgewischt hatte. »Draußen schmeckt es wirklich besser.«

Nach dem Essen suchte jede Gruppe einen passenden Baum für ihre Nistkästen. Kim, Franzi und Marie entschieden sich für eine hohe Fichte.

»In welche Richtung soll das Flugloch zeigen?«, fragte Franzi und drehte den Kompass in ihrer Hand ratlos hin und her.

»Nicht nach Westen und nicht nach Süden«, hatte sich Kim gemerkt. »Am besten nach Osten oder Südosten.«

Mit dem Kompass in der Hand ging Franzi um den Baum herum.

»Du musst stehen bleiben«, erklärte Kim, »sonst dreht sich die Kompassnadel doch ständig.« Sanft nahm sie Franzi den Kompass aus der Hand und drehte ihn langsam in ihrer Hand, bis sie Südosten ausmachen konnte. »Hier kommt der Nistkasten hin«, sagte sie und deutete nach oben an den Stamm der Fichte.

Marie und Kim hielten die Leiter fest, Franzi kletterte hinauf und schlug zuerst einen Nagel aus Aluminium in den Fichtenstamm, der dem Baum nicht schaden würde. Dann holte Franzi den Nistkasten von unten und brachte ihn an dem Nagel an. Mit gerunzelter Stirn rüttelte Franzi ein wenig am Kasten, dann nickte sie zufrieden. »Ist fest«, erklärte sie und kletterte die Leiter wieder hinunter. »Jetzt müssen wir den Punkt noch auf der Karte markieren und die GPS-Daten notieren, oder?«

Sie gingen zur Feuerstelle zurück, um den Standort ihres Nistkastens in eine Karte einzutragen. Die Jugendlichen würden die Patenschaft für ihre Nistkästen übernehmen, Beobachtungen machen und darauf achten, ob Reparaturen nötig würden. Weil Kim, Franzi und Marie nicht aus Dachsmoos kamen, würden Julius und Lene sich um ihren Nistkasten kümmern.

Yasmin und Lene hängten gerade ihren Kasten auf, als Lene rief: »Kommt mal her! Leute, kommt mal!«

Die Jugendlichen und die Ranger machten sich hastig auf den Weg zu den beiden Mädchen, die aufgeregt vor dem Baum warteten.

»Was ist denn los?«, fragte Paula atemlos. »Ist etwas passiert?«

Das verneinten Yasmin und Lene schnell. »Wir haben etwas Merkwürdiges entdeckt«, erklärte Yasmin. »Hier, auf der Rückseite des Baums.«

Yasmin zeigte ihnen eine Beschädigung in der Baumrinde. Es waren drei dicht nebeneinanderliegende tiefe Schnitte, die quer und nicht ganz gleichmäßig über den Stamm verliefen.

»So was habe ich auch gesehen!«, rief ein anderer Junge. »Dahinten, an der Eiche.«

Es stellte sich heraus, dass an mehreren Bäumen in der unmittelbaren Nähe solche tiefen Schnittspuren in der Rinde und dem Holz darunter waren. Bei den Tannen quoll klebriges Harz aus diesen Wunden.

Angespannt hatten Paula, Lennart und Schorsch die Bäume begutachtet und Fotos von den Schnitten gemacht. Sie beratschlagten sich leise.

»Was hat diese Schnitte verursacht?«, fragte Kim. »Ein Tier?«
»Das glaube ich nicht!«, sagte Lennart schnell. »Das war ein Mensch mit einem Werkzeug.«
»Einer Sense vermutlich«, brummte Schorsch.
»Aber warum sollte das jemand machen?«, fragte Franzi.
»Vielleicht soll es so aussehen, als hätten Tiere die Bäume verletzt«, überlegte Marie. »Als wären das Krallen großer Katzen gewesen. Von Luchsen zum Beispiel.«
Kim, Franzi und Marie beschlossen, nach dem Abendessen in der Jugendherberge zur Diskussion im Dorfgemeinschaftshaus zu gehen. Erst die Tierfalle, jetzt diese vermeintlichen Kratzspuren – versuchte jemand, den Luchs in Verruf zu bringen? Vielleicht gab die Veranstaltung mit Rangerin Paula und der Schäferin Nina Waldvogel Aufschluss darüber, wie die Stimmung im Dorf war, und womöglich wurden sie sogar auf einen Verdächtigen aufmerksam.
Nachdem sich die Aufregung etwas gelegt hatte und Paula sicherheitshalber Fotos von den merkwürdigen Kratzspuren gemacht hatte, konnte der Workshop weitergehen. Die Ranger hatten ein Spiel vorbereitet, in dem die Gruppe lernte, die Bäume des Waldes anhand ihrer Rinde, der Blätter oder Früchte und Samen zu erkennen. Kim hatte Schwierigkeiten, sich dabei zu konzentrieren, obwohl das Spiel Spaß machte. Waren die Tierfalle und die Kratzspuren in der Baumrinde Zufallsfunde oder hingen sie irgendwie zusammen? Und was hatte das zu bedeuten?

Nach dem Abendessen in der Jugendherberge meldeten sich die drei !!! bei Nora ab und sagten ihr wahrheitsgemäß, dass sie ins Dorfgemeinschaftshaus gingen. Nora war überrascht, wünschte ihnen aber »Viel Spaß und interessante Einblicke ins Dorfleben«.

Das Gemeinschaftshaus lag ganz in der Nähe, und der Saal war bereits gut gefüllt. Doch am Rand fanden Kim, Franzi und Marie noch drei nebeneinanderliegende Sitzplätze.

Auf der Bühne standen zwei Stühle und auf eine Leinwand wurde schon die erste Folie einer Präsentation mit einem Beamer geworfen. Eine Frau aus dem Forstamt moderierte die Veranstaltung, begrüßte die Zuhörenden, die zum Mitdiskutieren eingeladen waren, sowie die beiden Diskutantinnen auf der Bühne, Paula Andris und Nina Waldvogel.

Die Schäferin erhielt zuerst das Wort und berichtete von ihrer Sorge um ihre Schafherde. »Selbst wenn die Luchse die Schafe nicht reißen, wäre es schlimm genug, wenn sie die Herde erschrecken und die Tiere höher und weiter in die Hänge der umliegenden Berge fliehen, das wäre eine Katastrophe.« Nina Waldvogel klang aufgebracht. »Dann sind die Schafe verloren. Ich weiß auch schon, was Frau Andris gleich sagen wird, ich solle mir Herdenschutzhunde anschaffen. Das habe ich bereits, seit diesem Frühjahr leben zwei Herdenschutzhunde dauerhaft mit meiner Herde zusammen. Das sind Mehrkosten, die ich selbst tragen muss. Wird es gegen Raubtiere helfen? Ich weiß es nicht. Man lässt uns Landwirte und Tierhalter mit der Gefahr allein.«

Applaus brandete auf, manche Leute johlten oder pfiffen sogar. Die Moderatorin versuchte, das Publikum zu beruhigen, damit Paula das Wort ergreifen konnte. Paula hatte eine Präsentation vorbereitet. Nüchtern und sachlich, mithilfe von Fotos, Daten und Forschungsergebnissen klärte sie über die Lebensweise von Luchsen auf. Als Beispiel zog sie die Ergebnisse von Auswilderungen von Luchsen in anderen Gebieten heran. In keinem davon gab es Übergriffe durch Luchse auf Tiere wie Schafe oder Kühe. »Da die Tiere sehr zurückgezogen und tief in den Wäldern leben, kommt es nicht zu Kontakten zwischen Luchsen und Menschen oder auch nur allem, was mit Menschen zu tun hat. Und das ist auch gut so«, schloss Paula, »die Rückkehr der Luchse ist ein positives Zeichen für die Gesundheit unserer Wälder und für den Erfolg von Naturschutzmaßnahmen. Auch die Bestände des extrem seltenen Auerhahns, dem Wahrzeichen des Schwarzwalds, erholen sich. Lassen Sie uns die Wildtiere in unseren Wäldern wertschätzen und nicht verteufeln.«
Auch für Paulas Vortag gab es Applaus, aber nicht so leidenschaftlich wie für Nina Waldvogel.
Bei den Fragen aus dem Publikum wurde deutlich, dass sich viele Bewohner von Dachsmoos Sorgen machten.
»Ich habe nicht das Gefühl, dass Paulas Vortrag viele Menschen beruhigt hat«, stellte Franzi fest.
Auch Kim war über die Stimmung überrascht: Paula hatte doch so logisch und nachvollziehbar dargelegt, dass der Luchs keine Gefahr war. Aber die Emotionen schienen stärker zu sein als nüchterne Fakten.

Nach eineinhalb Stunden endete die Veranstaltung. Die drei !!! blieben absichtlich noch etwas sitzen, um das Publikum unauffällig zu beobachten. Um die Schäferin bildete sich vor der Bühne eine Menschentraube, die sich angeregt mit ihr unterhielt. Bei Paula hingegen standen nur Lennart, Schorsch und zwei weitere Kollegen, die noch ihre Ranger-Kleidung trugen. Dann half Paula noch beim Abbau der Leinwand und des Beamers.

»Lasst uns gehen«, schlug Marie vor. »Wir haben genug gesehen.«

»Glaubt ihr, die Schäferin möchte das ganze Dorf gegen die Luchse aufwiegeln?«, fragte Franzi auf dem Heimweg zur Jugendherberge, nachdem die drei Mädchen eine Weile geschwiegen hatten.

»Sie scheint wirklich in großer Sorge um ihre Schafe zu sein«, sagte Kim. »Ob sie die Falle aufgestellt hat, um die Luchse zu fangen?«

»Aber was dann?«, fragte Franzi. »Die Luchse irgendwo anders auszusetzen? Geht das so einfach?«

»Im Moment stochern wir noch ganz schön im Nebel«, seufzte Marie und zog die schwere Eingangstür zur Herberge auf.

Im Foyer brannte Licht, Nora oder Tobias waren nicht zu sehen. Aber Stimmen drangen aus einem Raum hinter dem Empfangstresen. Es klang wie ein Streit! Kim, Franzi und Marie näherten sich dem Tresen, dann konnten sie einige Gesprächsfetzen hören.

»Wo kommen diese Bewertungen denn her?« Das war Nora.

»Hier: *Ein Stern ist noch zu viel, schmutziges Klo, vergammeltes Essen, nie wieder*, oder das hier: *Unfreundliche und arrogante Besitzer, ich kann jedem nur abraten, hier zu übernachten*. Ist dir das egal?«

»Nein, natürlich nicht«, antwortete Tobias. Seine Stimme drang dumpf durch die angelehnte Tür. »Aber was soll ich machen, außer bei der Plattform um schnellstmögliche Löschung bitten? Wir wissen doch, dass das gelogen ist.«

»Aber wer macht denn so was?«, war Nora wieder zu hören.

Kim räusperte sich und klingelte mit der Glocke, die auf dem Tresen stand. Sofort verstummten Nora und Tobias und Nora schlüpfte durch die Tür.

»Hi, da seid ihr ja schon wieder«, sagte sie mit schiefem Lächeln. »War's nett?« Ohne eine Antwort abzuwarten, drückte sie Kim den Zimmerschlüssel in die Hand und wünschte ihnen eine gute Nacht.

Geheimes Tagebuch von Kim Jülich
Mittwoch, 22:32 Uhr

▸ Rätselfrage: Was gehört Kim und ist streng verboten für neugierige Zwillingsbrüder und alle anderen? Antwort: Dieses Tagebuch!!! ◂

Ich habe mich so geschämt, dass mir vorhin schwarz vor Augen geworden ist. Aber das Tau hat so sehr gewackelt und ich hatte plötzlich große Angst, runterzufallen. Ich weiß, ich war gut gesichert. Aber trotzdem. Franzi hat mir dann runtergeholfen. Mir hat niemand das Gefühl gegeben, dass das peinlich war. Im Gegenteil: Alle haben sich gefreut, dass ich es versucht habe. Und ich bin ja sogar geklettert! Also alles halb so wild. Ich bin auch stolz, dass ich es versucht habe, und: Morgen werde ich es wieder versuchen! Das wäre doch gelacht, wenn ich diese Höhenangst nicht in den Griff bekomme, zumindest ein bisschen. Denn Klettern macht schon Spaß, glaube ich. Camilla habe ich ein Foto geschickt, das Franzi von mir gemacht hat, als ich die erste Kletteretappe geschafft hatte. David könnte ich das eigentlich auch schicken ... Vielleicht morgen, jetzt ist es schon spät und ich muss noch ins Detektivtagebuch schreiben.

Detektivtagebuch von Kim Jülich
Mittwoch, 22:48 Uhr

Wir haben einen neuen Fall! Noch ist einiges unklar, aber was wir wissen, ist, dass hier etwas faul ist. Die Stimmung ist wegen der Luchse aufgeheizt – dabei ist noch immer unklar, ob sich die Luchse wirklich rund um Dachsmoos niedergelassen haben oder längst weitergezogen sind.
Auch in der Jugendherberge geht einiges vor sich: Wir haben einen Erpresserbrief gefunden, der explizit an Tobias gerichtet war. Nun sind mehrere schlechte Bewertungen über die Jugendherberge auf verschiedenen Plattformen im Internet aufgetaucht. Wir haben sie eben gecheckt: Alle Bewertungen wurden gestern Abend geschrieben oder zumindest veröffentlicht. Sie müssen alle vom selben Verfasser oder derselben Verfasserin stammen, denn der Ton ist immer gleich und auch der Inhalt ähnelt sich – es sind ziemlich allgemeine und auch böse Unterstellungen, etwa, dass es unsauber ist, schimmeliges Essen angeboten wird und Nora und Tobias arrogant seien. Dass das alles fies und außerdem gelogen ist, können wir bestätigen!!! Aber eine Bewertung, die sich von den anderen unterscheidet, erscheint uns besonders rätselhaft: Betrüger! Erst wenn du mit deinen schmutzigen Geschäften aufhörst, hört das hier auch auf. Das war die erste der gestern abgegebenen schlechten Bewertungen. Klingt für uns nach einer Racheaktion oder Erpressung. Oder ist das alles bloß ein übler Scherz? Was ist mit schmutzigen Geschäften gemeint? Und bezeich-

net der Verfasser oder die Verfasserin etwa Nora oder Tobias als Betrüger? Gibt es womöglich sogar einen Zusammenhang zu dem Brief von heute Morgen? Viele offene Fragen, aber noch keine Antworten – die drei !!! geben alles, um Licht ins Dunkle zu bringen!

In der Falle

»Glaubt ihr, das ist der Hufabdruck eines Rehbocks?«, fragte Marie und beugte sich über den Waldboden.

Franzi und Kim schauten ihr über die Schulter.

»Ich glaube, das ist einfach Erde, Marie«, sagte Franzi schließlich.

Marie erhob sich aus der Hocke. »Schade, dann hätten wir jetzt schon ein Bingo.«

Heute stand das Thema Tierspuren im Mittelpunkt des Junior-Ranger-Workshops. Am Morgen hatten sie verschiedene Spuren wie Fellreste, Federn, Fraßspuren, Abdrücke in der Erde und auch Kotspuren kennengelernt und geübt, diese den Tieren des Waldes zuzuordnen. Jetzt waren die Jugendlichen in Kleingruppen unterwegs, sollten eine gewisse Anzahl Tierspuren finden und diese auf einem Zettel abhaken. Die Gruppe, welche zuerst fünf Spuren in einer Reihe gefunden hatte, erzielte ein »Bingo« und sollte einen Preis gewinnen. Kim, Franzi und Marie waren kurz davor, nur noch eine Tierspur fehlte ihnen.

»Hier ist ein abgenagter Fichtenzapfen!«, rief Kim.
»Haben wir schon«, antwortete Franzi.
»Vielleicht ist dahinten noch was«, sagte Marie und wollte um eine Baumgruppe herumgehen.
»Aber entfernen wir uns dann nicht zu weit vom Camp?«, fragte Kim besorgt. »Wir sollen doch in Rufweite bleiben.«
Marie war überzeugt, die nächste Lichtung läge noch in Rufweite. Das konnte Kim nicht so recht glauben, aber sie und Franzi folgten Marie trotzdem. »Aber dann machen wir uns langsam wieder auf den Weg zurück«, sagte Kim.
»Was ist das denn?«, wunderte sich Marie. Auf der Lichtung stand ein schmaler, etwas mehr als kniehoher, grün angestrichener länglicher Kasten. Er war geschlossen, an der oberen Seite gab es einen runden Ausschnitt im Holz, der mit Gitterdraht ausgekleidet war.
»Geh nicht zu nah dran!«, warnte Franzi Marie. »Ich glaube, das ist schon wieder eine Tierfalle. Nicht, dass sie sich öffnet und das Tier dich angreift, weil es Angst hat.«
»Ist da ein Tier drinnen?«, quietschte Marie.
»Weil die Klappe geschlossen ist, denke ich, dass ein Tier in die Falle gegangen ist. Wir müssen die Ranger rufen«, sagte Franzi ernst. Überrascht stellte sie fest, dass sie Handyempfang hatte, und rief Paula an, die nicht mal zwei Minuten später mit Schorsch auf der Lichtung war.
Paula hatte grobe Lederhandschuhe dabei, die sie sich überzog. Sie näherte sich der Kiste und schaute durch das Gitter an der Oberseite. »Ein Marder«, sagte sie. »Ein Steinmarder vermut-

lich.« Vorsichtig nahm Paula die Kiste hoch und entfernte sich etwas von Kim, Franzi, Marie und Schorsch. Die Seite mit der Falltür hielt sie von sich weg. Vorsichtig stellte sie die Falle ab. Dann wartete sie einige Augenblicke und klappte schließlich den Metallbügel an der Oberseite der Falltür zurück, sodass sie sich öffnete. Nach einem kurzen Moment sprang ein dunkelbrauner Schatten heraus und huschte sofort ins Unterholz.

»Steinmarder«, bestätigte Schorsch. »Gibt es irgendwelche Spuren an der Falle, die auf den Besitzer hinweisen?«

Paula betrachtete die Holzkiste von allen Seiten und verneinte.

»Glaubst du, hier sind Wilderer unterwegs?«

»Aber warum möchte jemand einen Marder fangen?«, fragte Kim.

Paula erklärte, dass mit dieser Falle nicht nur Marder gefangen werden konnten, auch Dachse oder Füchse hätten hineingeraten können.

»Auch ein Luchs?«, wollte Marie wissen.

Schorsch wiegte den Kopf. »Möglich«, sagte er schließlich. »Wenn da ein sehr leckerer Köder drinnen ist und der Luchs den unbedingt haben will. Diese Falle ist erstaunlich groß, da könnte ein Luchs schon hineinpassen.«

Die drei !!! wechselten einen vielsagenden Blick. Wieder eine Attacke gegen Wildtiere und vielleicht gegen die Luchse!

Schorsch und Paula beschlossen, die Polizei erneut zu verständigen und dass Lennart die Jugendlichen zur Herberge bringen sollte. »Wir treffen uns dann heute Nachmittag am Kletterpark«, sagte Paula.

In der Jugendherberge richteten Nora und Tobias mithilfe ihrer Küchenmitarbeiter ein spontanes Mittagessen für die Gruppe her. Es gab Pfannkuchen mit Apfelmus, worüber sich alle sehr freuten. Beim Essen war es laut und ausgelassen, perfekt, fand Kim. So konnte sie ungehört mit Marie und Franzi über die nächsten Schritte sprechen.

»Wir sollten mit der Schäferin sprechen, was meint ihr?«, schlug Kim leise vor. »Sie scheint ernsthaft etwas gegen die Luchse zu haben.«

Marie und Franzi stimmten sofort zu. »Aber wo finden wir sie? Ist sie den ganzen Tag draußen auf der Weide, und wenn ja, auf welcher genau?«, gab Franzi zu bedenken.

»Wir fragen einfach, wo wir sie finden«, wisperte Marie und schaute sich am Tisch um. »Lene?«

Lene war in ein Gespräch mit zwei weiteren Mädchen vertieft und schaute überrascht auf, als sie ihren Namen hörte.

»Nina Waldvogel, die Schäferin – wo können wir sie finden?«, fragte Marie.

Lene überlegte kurz. »Was wollt ihr denn von ihr?«

»Franzi findet den Beruf der Schäferin so interessant. Wir haben ja noch etwas Zeit bis zum Klettern, da dachten wir, auf dem Weg zum Kletterwald könnten wir Nina Waldvogel und ihre Schafe besuchen.«

Kim staunte wieder einmal über Maries Schlagfertigkeit. Lene schien mit Maries Auskunft zufrieden und erklärte, wo Nina Waldvogel wohnte und wo die Schafweide war, auf der sie ihre Schafe momentan hielt. »Versucht es am besten zuerst auf der

Weide, wenn ihr sie heute sicher treffen wollt«, schlug Lene noch vor.
Kim, Franzi und Marie machten sich direkt auf den Weg.

»Seht ihr jemanden?« Kim schirmte ihre Augen mit der Hand ab und spähte auf die Weide, auf der sich schwarze und weiße Punkte tummelten. »Ich sehe nur Schafe.«
Doch Franzi entdeckte eine leuchtend orangefarbene Mütze am anderen Ende der Schafweide. Also stapften Kim, Franzi und Marie am Zaun entlang in Richtung des leuchtenden Punktes, der hoffentlich zu Nina Waldvogel gehörte. Kurz bevor die Schäferin die drei Besucherinnen bemerkte, taten es die beiden Herdenschutzhunde, von denen Nina Waldvogel bei der Podiumsdiskussion erzählt hatte. Die beiden cremefarbenen, überaus wolligen Hunde betrachteten die Mädchen zuerst misstrauisch, schließlich liefen sie dumpf bellend auf sie zu. Vom Bellen aufgeschreckt, richtete sich Nina Waldvogel auf und schaute sich um.
»Hallo, hier!«, rief Kim und reckte ihren Arm winkend in die Höhe.
»Mizzi, Aurora! Schluss«, sagte die Schäferin bestimmt und die beiden großen Hunde gingen zurück zu einer Gruppe Schafe, die in der Nähe graste. Nun wandte sie sich an die Mädchen: »Hallo, was gibt es denn?«, fragte sie freundlich. Sie wirkte jetzt viel zugewandter und herzlicher als gestern im Dorfgemeinschaftshaus.
»Was haben Sie denn da gerade gemacht?«, fragte Kim. Beim

Näherkommen war ihr aufgefallen, dass Nina Waldvogel vor dem Weidezaun kniete und an dem Kunststoffgeflecht zu arbeiten schien.

»Ich habe den Zaun repariert.« Die Schäferin wurde ernst. »Er war kaputt, ich glaube, er ist zerschnitten worden.«

»Wie kommen Sie darauf?«, fragte Marie.

»Diese Zäune gehen nicht einfach so kaputt. Außerdem sind die Schnittflächen ziemlich gerade und nicht ausgefranst, er kann nicht gerissen sein. Wahrscheinlich wurde er mit einem sehr scharfen Messer durchtrennt. Das ist auch nicht das erste Mal.«

»Was heißt das?«, wollte Kim wissen.

»In den vergangenen Wochen habe ich bei meinen Kontrollgängen entlang des Zaunes immer wieder solche zerschnittenen Maschen gefunden«, erzählte Nina Waldvogel.

»Können wir mal sehen?«, fragte Franzi und ging schon los zu der Stelle, an der Nina Waldvogel gerade noch gekniet hatte. Der Zaun war bereits repariert, die Flickstellen waren deutlich zu sehen. Ansonsten gab es keinerlei Spuren.

»Wer seid ihr eigentlich?«, fragte Nina Waldvogel nun. Sie schaute die drei Mädchen an, als wäre ihr erst jetzt aufgefallen, dass sie sie überhaupt nicht kannte.

»Wir sind Kim, Franzi und Marie, wir nehmen an dem Junior-Ranger-Workshop teil und waren gestern im Dorfgemeinschaftshaus bei Ihrer Diskussion«, erklärte Kim.

»Und was kann ich für euch tun?« Die Schäferin wirkte jetzt skeptisch.

»Haben Sie Feinde?«, fragte Marie direkt. »Wer könnte Ihren Zaun immer wieder zerschneiden?«
»Ich habe keine Feinde! Klar, der Ton im Ort ist rauer geworden seit die Luchse aufgetaucht sind.« Nina Waldvogel redete nun aufgeregter und lauter. Sie schien ihre eigene Frage vergessen zu haben. »Es gibt zwei Lager. Diejenigen, die begrüßen, dass es jetzt Luchse bei uns gibt, und die, wie soll ich sagen ... Luchs-Skeptiker.«
»Zu denen Sie auch gehören!«, sagte Franzi etwas harsch. »Glauben Sie, diese Veranstaltung, die Sie gestern geplant hatten, bringt Ruhe in die Diskussionen? Die hat die Stimmung doch nur noch mehr aufgeheizt!«
Kim versuchte, wieder einen ruhigeren Ton in das Gespräch zu bringen: »Sie sorgen sich um Ihre Tiere, richtig?«
Die Schäferin nickte. »Das ist kein leichter Beruf«, erklärte sie. »Ich bin bei Wind und Wetter draußen, was mir aber auch viel Freude macht. Ich bin für diese Tiere verantwortlich und ich verdiene mit ihnen mein Geld. Entweder, weil ich die Tiere auf schwer zugänglichem Gelände grasen lasse, wo die Landwirte nicht mähen können, oder auch durch ihre Milch und die Wolle. Es wird immer schwerer und unwirtschaftlicher, als Schäferin zu arbeiten – und jetzt kommen auch noch Wildtiere dazu, die meine Existenz bedrohen. Da muss man doch offen drüber sprechen und eine zufriedenstellende Lösung finden können! Was wäre, wenn einer der Luchse letzte Nacht dieses Loch im Zaun gefunden hätte? Oder eines der Schafe verirrt sich im Nebel und steht auf einmal einer Raubkatze gegenüber?«

»Aber das ist doch extrem unwahrscheinlich!«, warf Franzi jetzt etwas ruhiger ein. »Die Auswilderungen in den anderen Gebieten haben doch gezeigt, dass Luchse sich sehr weit entfernt von Menschen aufhalten. Und weit entfernt von allem, was mit Menschen zu tun hat.«

»Was, wenn ausgerechnet hier nicht?«, fragte Nina Waldvogel. Ihr Handy klingelte. Sie entschuldigte sich und ging einige Schritte zur Seite.

Nach dem Telefonat kam sie noch einmal zu den Mädchen zurück. »Das mit den Luchsen besorgt mich einfach und diese Zaunvorfälle machen mich wütend und ehrlicherweise bin ich davon auch ein wenig ausgelaugt. Wir wollen doch alle nur unsere Ruhe, oder? Das haben die Luchse und ich auf jeden Fall gemeinsam.« Nina Waldvogel lachte matt. »Ich muss los. Ach so, damit keine Missverständnisse entstehen: Die Diskussion im Dorfgemeinschaftshaus habe nicht ich geplant und veranstaltet, ich war lediglich als Diskussionsteilnehmerin eingeladen. Melanie Winterthaler hat die Veranstaltung organisiert.«

Bevor die Detektivinnen nachfragen konnten, wer Melanie Winterthaler war, war die Schäferin schon in ihren Geländewagen gesprungen und fuhr davon.

»Glaubt ihr, Nina Waldvogel zerschneidet ihren Zaun selbst?«, fragte Kim vorsichtig.

»Warum sollte sie das tun?«, wunderte sich Marie.

»Das ist vielleicht wirklich etwas weit hergeholt, aber damit ihren Schafen etwas passiert und so die Stimmung weiter aufgeheizt wird?«

Franzi konnte sich das nicht vorstellen. »Nina Waldvogel ist wirklich ehrlich um ihre Tiere besorgt, sie würde die Schafe niemals in Gefahr bringen! Grundsätzlich kann ich mir nicht vorstellen, dass sie mit den Fallen oder den Schnittspuren an den Bäumen etwas zu tun hat«, meinte Franzi. »Sie wirkte irgendwie so … erschöpft.«

Marie hatte sich etwas von Franzi und Kim entfernt und untersuchte noch einmal die neuste Schnittstelle im Zaun. Sie ging in die Hocke. »Seht mal«, sagte sie langsam.

Franzi und Kim starrten auf eine Stelle im Schlamm, auf die Marie zeigte.

»Bingo!«, rief Franzi.

Kim und Marie schauten ihre Freundin verständnislos an.

»Das ist die fünfte Spur«, sagte Franzi.

Die drei prusteten los. Marie hatte wirklich eine Spur im Schlamm gefunden. In der letzten Nacht hatte es geregnet, der Boden war matschig. Ein Schuhabdruck zeichnete sich im Schlamm ab.

»Ich glaube nicht, dass das ein Schuhabdruck der Schäferin ist«, mutmaßte Marie. »Es sei denn, sie hat ungefähr Schuhgröße 45 oder 46.« Marie zog ihr Smartphone aus der Jackentasche und öffnete eine App, mit der sie den Schuhabdruck vermaß. »Japp, Schuhgröße 45«, stellte Marie nun sicher fest. »Das könnte ein Hinweis auf die Person sein, die den Weidezaun sabotiert.«

Gibt es etwas zu verbergen?

»Ein bisschen Zeit haben wir ja noch«, stellte Kim erleichtert fest.

Zwar hatten sie zu Lene gesagt, sie würden auf dem Weg zum Kletterwald bei der Schäferin vorbeischauen, um ihren Besuch dort möglichst beiläufig erscheinen zu lassen. Aber nun hasteten Kim, Franzi und Marie nach ihrem Gespräch mit der Schäferin zurück zur Jugendherberge, um sich klettertauglich umzuziehen und ihre Rucksäcke zu holen.

In der Eingangshalle stand Tobias hinter dem Empfangstresen. Obwohl die drei Mädchen die Holztreppe nicht gerade leise heruntergegangen waren und sich unterhielten, schaute Tobias nicht auf. Er schien sie nicht gehört zu haben. Mit gerunzelter Stirn sah er auf einen Zettel in seiner Hand, wie Kim feststellte, als sie sich dem Herbergsvater näherten. Erst als die drei direkt vor ihm standen und Franzi »Hallo, Tobias?« sagte, zuckte er erschrocken zusammen und zerknüllte den Zettel hastig.

»Ich habe euch gar nicht gesehen!«, sagte Tobias und stopfte den Zettel in eine Schublade im Tresen.

»Das haben wir bemerkt«, sagte Kim betont fröhlich. Etwas anderes hatte sie außerdem bemerkt: Bevor Tobias den Zettel zerknüllt hatte, konnte sie noch einen kurzen Blick darauf werfen. Wieder hatte Tobias einen Brief mit ausgeschnittenen und aufgeklebten Buchstaben bekommen! Wenn dieser Brief ebenfalls von einem Freund stammte, wie Tobias gestern behauptet hatte, gab es doch keinen Grund, ihn so übereilt zu verstecken!

»Tobias, hier stimmt doch etwas nicht«, stellte Kim fest. »Ist das wieder ein Erpresserbrief, den du gerade versteckt hast? Und was hat es mit diesen schlechten Bewertungen im Internet auf sich?«

Tobias wirkte überrumpelt. Schließlich sagte er: »Ich weiß es nicht. Ich weiß es wirklich nicht. Vergangene Woche lag der erste Brief, den ihr gestern gefunden habt, im Briefkasten. Heute dieser hier.« Er klopfte gegen die Schublade, in der der Brief lag. »Nora hat die schlechten Bewertungen gestern entdeckt. Sie ist sehr besorgt und hat Angst, dass das negative Auswirkungen hat. Was ist, wenn Leute diese Bewertungen für voll nehmen und sich gegen eine Übernachtung bei uns entscheiden?«

»Was glaubst du, wer könnte dahinterstecken?«, fragte Franzi. »Hattet ihr in letzter Zeit Gäste, mit denen etwas vorgefallen ist? Habt ihr Streit mit jemandem im Dorf?«

»Nichts davon!«, entgegnete Tobias entschieden. »Natürlich gibt es gelegentlich Gäste, die zu Recht oder zu Unrecht etwas zu bemängeln haben. Aber das können Nora und ich immer zügig und für alle zufriedenstellend lösen. Da geht es immer um Kleinigkeiten!«

»Und wie ist euer Zusammenleben mit den Dachsmoosern?«, hakte Marie weiter nach.
Tobias winkte ab. »Nora und ich stammen doch aus Dachsmoos, wir haben hier keine Feinde.« Nora und Tobias waren schon zusammen zur Schule gegangen. Für ihre Ausbildung und ein anschließendes Studium waren sie gemeinsam weggezogen und nach verschiedenen Arbeitsstationen, die beiden hatten sogar in Schweden und anschließend in Irland gearbeitet, waren sie vor etwa zehn Jahren hierher zurückgekehrt und hatten die alte, etwas vernachlässigte Jugendherberge übernommen und modernisiert. »Also wir sind fester Teil der Dorfgemeinschaft, wir kennen alle!«
Franzi wollte wissen, ob es starke Konkurrenz unter den Hoteliers, Pensionsinhabern und Vermietenden von Ferienwohnungen gab. Auch das konnte Tobias nur verneinen, das Miteinander sei freundschaftlich und kollegial.
Marie zog eine silberne Dose aus ihrem Rucksack, nahm eine kleine Karte heraus und überreichte sie Tobias.

Überrascht nahm Tobias die Visitenkarte entgegen. »Ihr seid was?«, fragte er skeptisch. »Detektivinnen?«
»Ganz genau, und wir haben schon über 100 Fälle erfolgreich gelöst«, sagte Kim nicht ohne Stolz. »Sagst du uns Bescheid, wenn ein neuer Brief ankommt oder etwas Auffälliges passiert?«
»Dürfen wir auch den neuesten Brief mitnehmen und untersuchen?«, fragte Marie.
Tobias gab ihnen den Brief, der jetzt eine Papierkugel war, und versprach, Bescheid zu geben, sollte noch etwas vorfallen. Kim strich den Brief auf dem Tresen glatt und steckte ihn in eine durchsichtige Hülle, die ihr Tobias auf Nachfrage gab.
»Hast du schon darüber nachgedacht, die Polizei einzuschalten?«, fragte Kim ernst. »Immerhin sind das eindeutig zwei Erpresserbriefe und die Bewertungen könnten sich rufschädigend auswirken.«
»Auf gar keinen Fall«, antwortete Tobias schnell. »Ich möchte daraus keine große Sache machen und habe auch nicht den Eindruck, dass das besonders gefährlich ist.«
Aber Kim ließ nicht locker. »Könnte es sein, dass es zwischen den Briefen und den Bewertungen einen Zusammenhang gibt? In einer Bewertung war von *schmutzigen Geschäften* die Rede – hast du eine Idee, was damit gemeint sein könnte?«
Tobias zuckte mit den Schultern. »Scheinbar möchte uns jemand ärgern und schießt dabei etwas über das Ziel hinaus. Ich habe keine Ahnung.« Er nahm einen Stapel Papiere vom Tresen und wandte sich zum Gehen.

Für Kim war überdeutlich, dass Tobias abwiegelte. Er schien von diesen Briefen mehr mitgenommen zu sein, als er jetzt zugab. Und wusste er vielleicht sogar mehr, als er zugeben wollte?
Die drei !!! drehten sich zur Eingangstür um, als Franzi noch etwas einfiel: »Wer ist Melanie Winterthaler?«
»Melli? Wir sind zusammen in die Schule gegangen und waren befreundet. Sie hat Dachsmoos aber weiter hinter sich gelassen als Nora und ich«, sagte Tobias. Kim entging das leicht spöttische Lächeln nicht. Tobias erzählte, dass Melanie Winterthaler extrem ehrgeizig war und in London und Tokio studiert hatte. Im Anschluss machte sie schnell Karriere und verdiente sehr viel Geld. Doch vor etwa fünf Jahren zog es auch Melanie Winterthaler zurück nach Dachsmoos. »Sie hatte sich verändert, aber wollte dem Ort etwas zurückgeben«, erzählte Tobias achselzuckend. »Um die Wirtschaft und damit den Tourismus zu fördern, hat sie die Schneefabrik bauen lassen. Sie hatte noch weitere große Pläne, aber die scheinen sich zerschlagen zu haben.«
»Was für Pläne und was ist passiert?«, fragte Franzi.
»Sie wollte ein Hotel und eine neue Skipiste bauen«, sagte Tobias. »Dafür hätte aber der Wald an einem Hang gerodet werden müssen und es braucht besondere Genehmigungen, um mitten in der Natur ein Hotel zu bauen. Seit bekannt ist, dass es hier Luchse gibt, wurden alle Anträge sofort gestoppt und können nicht genehmigt werden. Zum Glück.«
»Zum Glück?«, hakte Kim nach.
»Ja klar!«, sagte Tobias aufbrausend. »Den Wald zu roden für

noch eine Skipiste und noch ein Hotel? Das ist nicht das, was wir brauchen, und kompletter Unsinn in meinen Augen. Wenn das jeder machen würde, gäbe es den Schwarzwald in fünf Jahren nicht mehr!«

Kim warf ihren Freundinnen einen Blick zu. Die drei !!! verabschiedeten sich nun wirklich. Beim Verlassen der Jugendherberge war allen drei klar: Sie mussten mit Melanie Winterthaler sprechen!

»Nur wie?«, fragte Franzi. »Laut Tobias' Beschreibung klingt sie nicht wie eine Person, die man an einem lauen Abend beim Spaziergang in der Natur antreffen kann.«

»Das stimmt wohl«, sagte Marie niedergeschlagen.

Sie gingen eine Weile schweigend nebeneinanderher. Dann hatte Marie eine Idee: »Wir wählen den klassischen Weg!«, rief sie.

»Sind wir gerade falsch? Das ist doch der Weg zum Kletterwald?«, fragte Kim und schaute sich nervös um.

Marie lachte. »Ich meine den klassischen Detektivinnenweg: Wir versuchen an Melanie Winterthaler heranzukommen, indem wir vorgeben, ein Interview für die Schulzeitung machen zu wollen.«

»Stimmt!«, überlegte Franzi. »Das klappt fast immer überraschend gut.«

Geheimes Tagebuch von Kim Jülich
Donnerstag, 21:37 Uhr

▸ Ben und Lukas, wenn ihr in meinem Tagebuch herumschnüffelt, steige ich euch aufs Dach! Und das meine ich wörtlich, denn ich kann jetzt klettern. Also, ein bisschen zumindest. Jedenfalls: Finger weg von meinem Tagebuch!!! ◂

Im Kletterwald gab es heute gemischte Gefühle für mich: Zuerst wollte ich nur zuschauen, denn so ganz habe ich den Schock von gestern noch nicht verdaut. Wir sollten ohne Sicherung durch eine zweite Person klettern. Aber natürlich trotzdem mit Sicherung, denn ein Karabinerhaken wurde an einem Hilfsseil angebracht, auf dem der Karabiner mitlief, der wiederum am Klettergeschirr am Rücken festgemacht war. Als die anderen so viel Spaß hatten und ich mir alles wirklich gut angeschaut hatte, wollte ich es noch mal mit dem Klettern probieren!

Ich bin sogar über eine ziemlich wackelige Hängebrücke gelaufen, die ziemlich weit oben war! Franzi war schon fertig und hat ein Foto von mir gemacht. Das habe ich Camilla geschickt und sie freut sich total für mich, dass ich mich getraut habe und es sogar Spaß gemacht hat.

Detektivtagebuch von Kim Jülich
Donnerstag, 21:59 Uhr

So ganz steigen wir noch nicht durch. Klar ist, dass es die beiden Erpresserbriefe gegen Tobias gibt und die schlechten Bewertungen im Internet, die wiederum die gesamte Jugendherberge betreffen. Dann die beiden Tierfallen, vermeintliche Kratzer an den Bäumen und zerschnittene Weidezäune bei Nina Waldvogel. Gibt es hier einen Zusammenhang? Oder mehrere? Wir müssen das herausfinden.

Ein weiterer Schritt auf dem Weg zur Aufklärung ist hoffentlich die Befragung von Melanie Winterthaler. Wir werden versuchen, über ein vorgebliches Interview persönlich mit ihr zu sprechen. Die Unternehmerin ist bislang die Einzige im Ort, die durch das Auftauchen der Luchse Nachteile erlitten hat – ihre Anträge für den Bau einer neuen Skipiste und eines Luxus-Hotels wurden sofort abgelehnt, als die Sichtung der Luchse bekannt wurde. Darum hat sie vermutlich auch die Podiumsdiskussion angestoßen. Die Frage ist nur, wann wir Melanie Winterthaler befragen können, unsere Tagesabläufe sind ziemlich straff und die Pausen reichen nicht aus, um zum Büro an der Schneefabrik zu gehen ... Mal sehen, irgendwie muss es auch dafür eine Lösung geben. Wir sind schließlich die drei !!! und lösen jeden Fall!

Die Schneefabrik

»Ich habe eine schlechte Nachricht für euch«, sagte Paula am nächsten Morgen beim Frühstück in der Jugendherberge. »Wir müssen unseren für heute geplanten Aufenthalt im Kletterwald leider etwas nach hinten verschieben, bis sich der dichte Nebel gelegt hat.«

Kim blickte aufgeregt zu Franzi und Marie: Dann konnten sie zu Melanie Winterthalers Büro neben der Schneefabrik gehen und sie befragen!

»Ich würde vorschlagen«, fügte Paula hinzu, »dass wir das Programm, das eigentlich für morgen vorgesehen war, vorziehen. Dafür holen Schorsch und Lennart gerade einige Materialien aus dem Naturschutzhaus, und ich habe ein Suchspiel für euch vorbereitet. Die könnt ihr in Kleingruppen lösen und wir treffen uns dann in zwei Stunden an unserem Camp.«

Zustimmendes Gemurmel war die Antwort. Kim war erleichtert, kurz hatte es so geklungen, als ob die Detektivinnen die Befragung doch nicht würden durchführen können. Aber wie sollten sie das parallel zur Schnitzeljagd schaffen?

Marie hatte bereits verkündet, dass sie mit Franzi und Kim eine Gruppe bilden wollte, und hatte von Paula einen Zettel und eine Wanderkarte bekommen. Die Gruppen sollten in drei Planquadraten der Wanderkarte jeweils eine Wegmarke, das Symbol einer Wanderroute, drei verschiedene Bäume und einen Pilz finden. Dabei durften die Bäume und Pilze nicht doppelt vorkommen.

»Dann nehmen wir uns einfach dieses Gebiet hier vor, das grenzt an das Büro von Melanie Winterthaler«, wisperte Marie und tippte auf die Karte.

Franzi schob sich das restliche Stück Brötchen, das mit Honig von Tobias' Bienen bestrichen war, in den Mund. »Dann los«, nuschelte sie und stand auf.

Neben der grauen, unscheinbaren Schneefabrik stand ein kleines, modernes Haus, das aber Elemente des typischen Schwarzwaldhauses aufwies. Hier befand sich das Büro von Melanie Winterthaler, das hatten die Detektivinnen vorab im Internet recherchiert.

Marie stieg die zwei Stufen zur Eingangstür hinauf und hielt ihren Freundinnen die Tür auf. Sie betraten einen hellen, modernen Eingangsbereich ohne Decke. Kim staunte: Sie konnte direkt bis unters Dach schauen, rund um die Sichtachse waren noch zwei Etagen angebracht, die über eine Treppe seitlich von ihnen erreicht werden konnten.

Marie war schon an den Empfangstresen herangetreten. »Guten Morgen, wir haben um 9 Uhr einen Termin mit Frau Winterthaler«, sagte sie, ohne mit der Wimper zu zucken. In solchen Situationen war Marie immer wahnsinnig selbstbewusst! Der Mann am Empfangstresen bat um einen Moment Geduld und schaute im Kalender von Melanie Winterthaler nach. Dann schüttelte er bedauernd den Kopf. »Tut mir leid, hier ist um 9 Uhr kein Termin eingetragen. Wie war dein Name?«

»Marie Grafenburg. Wir sind Schülerinnen auf der Gesamtschule in Hintermwalde und haben um 9 Uhr einen Interviewtermin mit Melanie Winterthaler, ganz sicher«, sagte sie so überzeugend, als sei sie ehrlich überrascht, dass der Termin nicht im Kalender stand. Den Termin hatte sie sich schließlich eben erst ausgedacht. Kim und Franzi mussten sich zusammenreißen, um nicht loszuprusten. Marie Grafenburg, das war zu gut.

Ratlos zuckte der Mann mit den Schultern. »Wie gesagt«, meinte er freundlich, aber mit Nachdruck, »in Frau Winterthalers Kalender ist heute Vormittag kein einziger Termin eingetragen. Habt ihr euch vielleicht im Datum geirrt?«

»Ausgeschlossen«, antwortete Marie, »Herr Bühler«, Marie hatte das Namensschild auf dem Tresen entdeckt, »ich habe erst vorgestern mit Frau Winterthaler telefoniert, um mir den Termin noch mal bestätigen zu lassen!«

»Ich check das mal«, murmelte Herr Bühler und setzte sich ein Headset auf. »Melanie? Ja, ich bin's. Hier stehen drei Mädchen vor mir, die felsenfest davon überzeugt sind, jetzt einen Interviewtermin mit dir zu haben. Ja. Ja. Nein, ich weiß auch nicht. Gesamtschule Hintermwalde, jetzt um 9. Hm, hm, alles klar, ist gut, ja! Danke.«

Kim war sich sicher, dass er sie jetzt wegschicken würde, das Gespräch hatte nicht sehr positiv geklungen.

»Bitte folgt mir, ich bringe euch nach oben.« Herr Bühler stand auf. »Melanie nimmt sich zwanzig Minuten Zeit für euch.« Er ging vor zur Treppe und die Mädchen folgten ihm in den ersten Stock. Dort klopfte er an eine dunkle Tür aus Eichenholz, wartete kurz ab und steckte dann den Kopf durch den Türspalt. »Melanie? Hier sind deine Interviewerinnen.« Er zog seinen Kopf zurück, öffnete die Tür ganz und ließ die Mädchen ein.

Melanie Winterthaler saß an einem großen Schreibtisch vor einer Wand mit dunkler Tapete, auf der ein edles Muster aus Blättern, Blüten und Vögeln abgebildet war. Links neben ihr, genau gegenüber der Tür, in der Kim, Franzi und Marie noch standen, befand sich eine Glasfront mit Blick auf einen Teil der Hänge und Berge von Dachsmoos.

»Kommt rein«, sagte Melanie Winterthaler freundlich. »Es kann sein, dass ich unseren Termin vergessen habe, macht euch nichts draus. Setzt euch. Möchtet ihr etwas trinken?«

»Nicht nötig, danke«, sagte Franzi schnell. »Machen Sie sich bitte keine Umstände. Wir danken Ihnen für Ihre Zeit.« Die drei setzten sich auf die Ledersessel gegenüber von Melanie Winterthaler.

Die Unternehmerin nahm ihre Brille ab, faltete sie zusammen und legte sie neben ihrer Computertastatur ab. »Nun, was wollt ihr wissen? Wovon soll euer Interview noch mal genau handeln?«, fragte sie.

Marie legte einen Notizblock auf ihren Schoß, Kim bat, das Gespräch mit dem Smartphone aufzeichnen zu dürfen, dann waren die Antworten später besser im Wortlaut abzutippen, erklärte sie.

»Wir machen eine Interview-Reihe über Unternehmerinnen im Schwarzwald, die sich mit ihren Unternehmen auch für die Region einsetzen«, sagte Marie. Kim staunte wieder einmal über die Spontanität und das Schauspieltalent ihrer Freundin.

»Wie war es für Sie nach all den Jahren in den USA, Japan und England, zurück nach Dachsmoos zu kommen?«, fuhr Marie fort.

»Das klingt komisch, oder?«, antwortete Melanie Winterthaler. »New York, Tokio, London, Dachsmoos.« Sie lachte. »Aber hier komme ich her, mein Herz hängt an diesem Dorf. Ich wollte etwas zurückgeben, darum habe ich mich entschieden, ein Unternehmen zu gründen, das das Dorf und die gesamte Region voranbringt.«

»Und die Klimakrise verschärft«, konnte Franzi sich nicht beherrschen zu sagen. Marie stupste sie mit dem Fuß an.

»Was meinst du damit?«, fragte Melanie Winterthaler und lächelte Franzi aufmunternd an.

»Aufgrund der steigenden Temperaturen fällt weniger Schnee, das lässt sich auf den Klimawandel zurückführen. Statt etwas dagegen zu tun und den CO_2-Ausstoß zu minimieren, bauen Sie eine Fabrik, die Schnee herstellt. Schnee! Welches Wasser nutzen Sie dafür, Grundwasser? Auch das wird knapp, aber das ist ein anderes Thema. Die Herstellung und der Transport des

Schnees verbrauchen Energie und verursachen CO_2, außerdem entsteht Feinstaub und Mikroplastik aufgrund von Reifenabrieb. Das alles kommt noch verstärkt hinzu, da mehr Menschen hierher anreisen, die meisten mit dem eigenen Auto, um die künstlich verfrühte oder verlängerte Skisaison zu nutzen.«
Franzi hatte sich in Rage geredet und sich beim Sprechen vorgelehnt. Nun schaute sie Melanie Winterthaler herausfordernd an.

»Ich bin beeindruckt. Wie ist dein Name?«, fragte die Unternehmerin.

»Franzi«, antwortete Franzi überrascht.

»Alle deine Argumente sind faktisch korrekt, Franzi. Natürlich hast du recht mit dem, was du sagst. Ist mir das egal? Nein. Aber ich kann es nicht ändern. Wenn ich keine Fabrik baue, macht es jemand anderes. Und ist es dann nicht besser, ich mache es als Dachsmooserin selbst? Arbeitsplätze sind bei uns rar. Alles hängt vom Tourismus ab, durch die Schneefabrik konnte ich neue Stellen schaffen. Ich möchte, dass es dieser Gegend gut geht, und es gibt im Leben keine perfekten Lösungen.«

»Für Sie persönlich wäre es aber eine perfekte Lösung gewesen, ein Luxus-Hotel direkt an einer Skipiste zu besitzen, nicht wahr?«, fragte Franzi ganz ruhig. »So wären Sie Ihre eigene Kundin und könnten Ihre neue Skipiste direkt mit dem Schnee aus Ihrer Fabrik beliefern. Gute Idee! Ach so, aber daraus wird jetzt nichts, oder?«

Kim war sich sicher, dass Melanie Winterthaler sie sofort hinauswerfen würde. Auch Marie schaute Franzi entgeistert an.

Melanie Winterthaler schnaubte. »Es wäre die perfekte Lösung gewesen! Mit der Abwärme der Fabrik hätten das Hotel und sogar der Infinity-Pool geheizt werden können! Im Hotel-Restaurant sollte es lokale Produkte aus maximal 200 Kilometern Entfernung geben. Da hätten die Leute ihre Nachhaltigkeit, plus Arbeitsplätze und noch mehr Gäste für dieses kleine Kaff gehabt. Das wäre alles so gut für das Marketing gewesen ... und nur wegen zwei Luchsen sind nun Jahre der Planung umsonst gewesen.«

Die drei !!! warfen sich verstohlene Blicke zu. Die Schnee-Fabrikantin schien das Aus ihrer Pläne noch nicht ganz verwunden zu haben.

»Um noch mal zu einem ganz anderen Thema zu kommen«, versuchte es Marie. Melanie Winterthaler hatte ihr Kinn auf ihre Hand aufgestützt und schaute auf das Schwarzwald-Panorama vor ihrem Fenster.

»Welche Tipps würden Sie als erfahrene Unternehmerin denn jungen Schülerinnen wie uns für unseren Lebensweg geben?«

»Wo hattest du denn diese Fragen her?«, wollte Kim kichernd wissen, nachdem sie das Bürogebäude verlassen hatten.

Marie zuckte mit den Schultern. »Aus einer Business-Zeitschrift, die Tessa manchmal liest, glaube ich. Apropos Fragen: Franzi, du bist verrückt und genial zugleich! Dass du Frau Winterthaler so krass angegangen bist!«

»Wieso denn?«, brummte Franzi. »Es ist keine Zeit mehr für Blabla, die Erde braucht sofort Hilfe!«

»Ich dachte, sie schmeißt uns sofort raus!«, stöhnte Kim.

»Stattdessen hat sie uns verraten, dass die Sache mit den abgelehnten Bauanträgen sehr emotional für sie ist. Das Auftauchen der Luchse hat ihre Geschäftsidee zerstört – wenn jemand ein Motiv hat, Stimmung gegen die Luchse zu machen, und sie vielleicht sogar loswerden will, dann ist das Melanie Winterthaler!«, erklärte Marie aufgeregt.

»Leider nicht«, meinte Kim. »Also, dass sie ein Motiv hat, steht außer Frage. Aber sie war bis gestern auf Geschäftsreise. Ihr Kalender lag aufgeklappt auf ihrem Schreibtisch und während Franzi mit ihr diskutiert hat, habe ich einen Blick hinein riskiert. Sie war zehn Tage lang unterwegs. Sie konnte keine Fallen aufstellen und Zäune durchschneiden.«

Die drei !!! mussten sich jetzt etwas beeilen, um noch rechtzeitig um 11 Uhr im Wald am Lagerfeuerplatz der Junior-Ranger zu sein. Fast pünktlich kamen sie dort an.

Lennart und Schorsch hatten eine Kiste mit etwa handflächengroßen, graugrünen Kästchen mitgebracht.

»Weiß jemand, was das hier ist?«, fragte Lennart und hielt eines der Kästchen hoch.

Julius meldete sich: »Eine Wildkamera.«

»Genau, sehr gut!«, antwortete Lennart. »Mit diesen Kameras kann man Wildtiere unauffällig fotografieren. Man bringt sie zum Beispiel an einem Baum an und jedes Mal, wenn sich etwas vor der Kamera bewegt, hier ist der Bewegungssensor, löst die Kamera aus. Das funktioniert bei jedem Wetter und sogar nachts.«

»Und wie kann man sich die Fotos anschauen?«, fragte Julius. »Hier hinten in der Nähe des Akkus ist eine Chipkarte als Speicher drin. Die kannst du herausholen und an einem PC einstecken und so die Fotos öffnen. Es gibt inzwischen auch Wildkameras, die über eine App die Fotos ausspielen. So kann man vom Handy aus kontrollieren, welche Tiere an der Wildkamera vorbeispaziert sind.«

Weil auch das Zählen von Tieren und das Beobachten der Population zur Aufgabe von Rangern gehörten, nutzten sie Wildkameras über das ganze Jahr. Diese wurden an verschiedenen Stellen im Wald angebracht und die Tiere so nicht durch den Geruch eines Fotografen verscheucht. Für die Ranger waren Wildkameras ein wichtiges Hilfsmittel.

»Bitte tut euch jetzt in Dreiergruppen zusammen. Jede Gruppe erhält eine Wildkamera. Sucht einen geeigneten Platz für die Kamera, befestigt sie gut und merkt euch, wo ihr sie angebracht habt. Dazu könnt ihr GPS-Koordinaten mit eurem Smartphone anzeigen lassen und speichern oder ihr macht eine Markierung in einer dieser Karten«, erklärte Lennart.

»Wir haben zwei Wildkameras, die über eine App ausgelesen werden können«, ergänzte Paula noch. »Eine davon bekommt ihr, Kim, Franzi und Marie. Dann könnt ihr die Fotos auch von eurem Zuhause aus auswerten.«

Kim, Franzi und Marie suchten lange nach einem geeigneten Platz. Schließlich hatten sie eine schöne Buche gefunden, die an beiden Seiten von Sträuchern gesäumt war.

»Hier können wir bestimmt viele Tiere fotografieren!«, hoffte Franzi. »Einige Tiere wie Wildschweine und Eichhörnchen finden hier Futter. Im Herbst liegen hier sicher noch mehr Bucheckern. Und ähm ... andere Tiere, die zum Beispiel Eichhörnchen jagen, kommen hier vielleicht auch gerne vorbei.«

»Och, Franzi!«, rief Marie empört. »Musstest du das jetzt unbedingt erwähnen?«

Franzi zuckte mit den Schultern. »Das tut mir auch leid, aber stimmt doch. Ich glaube, hier können wir viele verschiedene Tiere mit der Wildkamera fotografieren.«

»Na gut«, seufzte Marie. »Das klingt auf jeden Fall freundlicher.«

Mit Draht, den Schorsch ihnen mitgegeben hatte, befestigten sie die kleine Kamera sicher am Baumstamm.

»So cool, dass wir die Fotos über die App dann sogar von zu Hause aus abrufen können«, sagte Marie.

»Ja, und die Beobachtungen dann auch an die Ranger weitergeben können, das fühlt sich irgendwie toll an«, fand Kim. »Dass dann die Fotos unserer Wildkamera auch etwas zu Forschungsarbeiten oder zum Naturschutz beitragen können.«

Franzi markierte die Wildkamera auf der Karte und Kim speicherte zur Sicherheit noch die GPS-Daten ab. »Ich glaube, wir haben zu Hause auch irgendwo eine Wildkamera herumliegen. Die könnte ich am Apfelbaum anbringen«, überlegte Franzi auf dem Rückweg zum Lagerfeuerplatz. »Papa hatte die mal gekauft, als wir dachten, ein Waschbär würde bei uns auf dem Hof leben. Es war dann aber nur die sehr plüschige, graue Katze unserer Nachbarn. Aber ohne Wildkamera hätten wir das nie erfahren.«

Am Lagerfeuerplatz gab es Neuigkeiten von *TreeFriends*: Patrick Andris hatte angerufen, bei ihnen am anderen Ende des Ortes hatte sich der Nebel jetzt komplett verzogen. Die angehenden Junior- Ranger konnten kommen.

»Na toll«, murmelte Kim.

Marie stieß ihr freundschaftlich in die Seite. »Vielleicht macht es dir heute wieder Spaß.«

»Ja, vielleicht, vielleicht«, antwortete Kim. »Kommt darauf an, was wir machen werden.«

Tatsächlich stand etwas ganz Besonderes auf dem Programm im Kletterwald, das alle aufgeregt und vorfreudig werden ließ, nur Kim konnte die Begeisterung nicht teilen. Zum Kletterwald gehörte eine Zipline. Das war ein Drahtseil, dass eine gewisse Strecke auf Höhe der Baumwipfel überquerte und an dem man hängend schnell durch die Luft sauste. Kim konnte sich Schöneres vorstellen. Im Bett liegen und ein Buch lesen etwa.

Nach der Sicherheitsunterweisung wusste Kim: nicht mit ihr. Das teilte sie Franzi und Marie flüsternd mit. Die beiden hatten Verständnis für ihre Freundin.

»Ist doch nicht schlimm, dann siehst du uns von unten zu. Aber du musst uns winken!«, sagte Marie sanft.

Lene, Julius und Yasmin, die neben den Freundinnen standen, hatten mitbekommen, dass Kim die Zipline-Fahrt nicht mitmachen wollte. »Du musst das doch nicht machen, wenn du nicht möchtest!«, sagte Yasmin.

»Ich kann dir versprechen, dass es wirklich großen Spaß macht«, sagte Lene, die schon unzählige Male an der Zipline über die Baumwipfel geflogen war. »Aber es ist total okay, wenn du nicht willst.«

Kim war erleichtert, dass sich niemand über sie lustig machte, weil sie sich nicht traute. Kim blieb mit Patrick Andris am Boden, während die anderen Fuß vor Fuß an einem Baumstamm nach oben zur Plattform kletterten, auf dem zwei Mitarbeiterinnen die Jugendlichen sicherten. Lene und Yasmin waren die Ersten. Kim schaute mit gerunzelter Stirn zu, wie sie nacheinander durch die Luft sausten. Bislang hatten alle vor Vergnügen laut gejauchzt und gekreischt. Kim spürte ein Kribbeln im Bauch, das schien wirklich Spaß zu machen! »Patrick, ich glaube, ich möchte es doch versuchen«, sagte sie an Patrick Andris gewandt.

»Das geht auch wirklich schnell vorbei«, meinte er augenzwinkernd. Dann wurde er ernst: »Aber du musst das jetzt nicht machen, weil alle es machen, ja?«

Kim nickte. »Ich mache es, weil ich möchte«, sagte sie mit fester Stimme, aber leicht wackeligen Knien.

Patrick Andris holte ein Klettergeschirr für Kim, das sie anlegte, außerdem setzte sie sich noch einen Helm auf. Dann stieg Kim die Sprossen am Baumstamm hinauf, Patrick Andris sicherte sie von unten.

»Was machst du denn hier?«, rief Franzi überrascht, als Kim

die Plattform erklommen hatte. Sie hielt sich am Geländer fest. Von hier oben war es doch viel, viel höher, als es von unten ausgesehen hatte.

»Ich … ich wollte doch mitmachen«, stammelte Kim. »Aber unten war ich mir da irgendwie sicherer.«

»Du kannst immer noch runterklettern«, sagte eine der beiden Mitarbeiterinnen, die oben auf der Plattform waren. »Ich rufe Patrick mit dem Walkie-Talkie und dann sichert er dich beim Abstieg.«

Kim schüttelte entschieden den Kopf. »Ich mach's«, krächzte sie.

»Dann fährst du zwischen uns«, schlug Marie vor. »Ich zuerst, dann du und Franzi zum Schluss.«

Mit zusammengekniffenen Augen beobachtete Kim, wie Marie mit mehreren Karabinern an einer Rolle an der Zipline befestigt wurde. Dann ging sie in die Knie, als wollte sie sich setzen. Als sie bereit war, gab ihr die Kletterwald-Mitarbeiterin einen sanften Schubs und Marie kreischte kurz auf, als sie die Sicherheit des festen Bodens unter den Füßen verlor. Dann war sie auch schon fast nicht mehr zu sehen.

Jetzt war Kim dran. Franzi klopfte ihr aufmunternd auf die Schulter, dann wurde Kim mit ihrem Gurt an der Zipline befestigt. Ihre Knie fühlten sich an wie Wackelpudding.

»Bist du bereit?«, hörte sie eine Stimme. Offenbar hatte sie Ja gesagt, denn im nächsten Moment spürte sie einen sanften Stoß zwischen den Schultern und ihr Herz rutschte ihr in die Hose, als die Karabiner über ihr griffen und sie nicht mehr auf der

Plattform war, sondern schwebte. Sie flog! Kim kniff die Augen fest zusammen. Der Wind sauste um ihre Ohren, über ihr surrte das Stahlseil. »Juhuuuuu«, rief Kim. »Juhuuuuu!« Das machte Spaß! Vorsichtig öffnete sie die Augen, der Fahrtwind peitschte ihr ins Gesicht. Unter ihr sausten grün verwischt niedrigere Bäume vorbei. Dann wurde die Fahrt auch schon etwas langsamer. Kim traute sich jetzt, nach unten zu schauen. Da war eine Lichtung, darauf zwei Menschen in grell leuchtenden Outdoorjacken. Kim wandte den Kopf, die beiden stritten sich! Und eine der Jacken kam ihr bekannt vor, das war doch ... Tobias! Und die braunhaarige Frau war Melanie Winterthaler. Was war denn da los, das musste sie dringend Marie und Franzi erzählen!

Kim konnte nun schon die Plattform sehen, auf der sie landen würde. Sie wurde automatisch so stark abgebremst, dass sie gerade genug Schwung hatte, um auf der Plattform zum Stehen zu kommen. Ein Mitarbeiter des Kletterwaldes führte sie am Arm vorsichtig in den hinteren Bereich der Holzplattform. Marie wartete schon auf ihre Freundin. Sie hatte vor Freude gerötete Wangen und ihre Augen leuchteten. »Das war toll«, japste Kim. »Das war so toll! Können wir das noch mal machen?«

»Kim, du hast es geschafft, ich bin stolz auf dich!«, rief Marie und umarmte ihre Freundin. »Da kommt Franzi! Sie winkt uns.«

Freudig winkten Marie und Kim zurück. Doch Franzi hörte gar nicht mehr auf, sie ruderte mit beiden Armen in der Luft und schien etwas zu rufen.

»Verstehst du, was sie sagt?«, fragte Marie.
Kim schüttelte den Kopf. Franzi war fast da, jetzt konnte Kim sehen, dass Franzi vor Schreck weit aufgerissene Augen hatte. Sie winkte immer noch mit beiden Armen und nun konnten alle verstehen, was Franzi rief:
»Es brennt! Feuer, Feuer! Der Wald brennt!«

Ein entscheidendes Indiz

Kim und Marie entdeckten die dunklen Rauchschwaden nun auch, die mitten aus dem Wald aufstiegen. Während Franzi abgegurtet wurde, erklärte sie dem Mitarbeiter von *TreeFriends,* wo genau sie das Feuer entdeckt hatte. Dann verständigte er sofort die Feuerwehr.

Kim, Franzi und Marie stiegen die Plattform hinab, die anderen Jugendlichen warteten zwischen den Bäumen. Paula, Schorsch und Lennart waren bei ihnen. Hastig erzählte Franzi ihnen von dem Waldbrand. Die Ranger beratschlagten sich, was zu tun war. »Es kann gefährlich sein, wenn wir jetzt durch den Wald zurückgehen«, mahnte Lennart.

»Aber hier zu warten auch!«, antwortete Schorsch. »Wir gehen nach Nordosten, weg vom Feuer, und biegen dann nach Osten ab. So umgehen wir das Feuer und sind einigermaßen schnell an der Straße.«

Paula stimmte Schorsch zu. Die beiden Mitarbeiter von *TreeFriends* begleiteten die Gruppe. Schon bald war ein Hubschrauber zu hören. Unter ihm schwebte eine Art großer, schwarzer

Ballon. »Ein Lösch-Hubschrauber«, erklärte Paula. »Der kommt sonst eher im Spätsommer zum Einsatz, dann ist Hochsaison für Waldbrände. Es wird hier sehr heiß und bei lang anhaltender Trockenheit kann eine Scherbe, ein verbotenes Feuer oder eine achtlos weggeworfene Kippe zur Katastrophe werden.«

In der Ferne jaulten Martinshörner, das musste die Feuerwehr sein.

Die Ranger brachten die Jugendlichen sicher zurück zur Jugendherberge. Die Rucksäcke, die am Startpunkt der Zipline im Kletterwald lagen, würden ihnen später gebracht werden, ansonsten spätestens morgen früh, versprach Lennart.

Erst in der Jugendherberge hatte Kim die Gelegenheit, Marie und Franzi von ihrer Beobachtung während der Zipline-Fahrt zu erzählen.

»Und du bist sicher, dass es Tobias war?«, fragte Franzi.

»Ja, ganz sicher!«, antwortete Kim. »Er hatte diese leuchtend grüne Jacke an, ich bin mir ganz sicher, ihn erkannt zu haben. Und Melanie Winterthaler haben wir ja vorhin erst gesehen, darum bin ich mir auch bei ihr sicher.«

»Die beiden haben gestritten«, murmelte Marie. »Warum wohl? Tobias klang nicht so, als stünden sie in regelmäßigem Kontakt.«

»Wir sollten ihn fragen!«, schlug Franzi vor.

Am Empfangstresen im Eingangsbereich der Herberge war niemand. Sie entdeckten Nora im Speisesaal, sie saß über einen Stapel Papiere gebeugt.

»Geht es euch gut? Franzi, du hast das Feuer entdeckt, nicht wahr?«

»Ja, alles gut«, sagte Franzi. »Wir suchen Tobias, weißt du, wo er ist?«

Nora schüttelte den Kopf. »Ihr könnt aber mal schauen, ob in seiner Werkstatt hinter dem Haus Licht brennt. Falls ja, ist er dort«, sagte sie. »Oder hat wieder vergessen, das Licht auszuschalten.«

»Danke, wir gehen mal nachsehen«, sagte Kim.

In der Werkstatt brannte tatsächlich Licht, durch eines der Fenster war das deutlich zu sehen. Marie öffnete die Tür einen Spaltbreit, es quietschte durchdringend. Marie schüttelte sich. »Tobias?«, rief sie dann. Als er auch nach nochmaligem Rufen nicht reagierte, drehte sich Marie ratlos zu ihren Freundinnen um. »Und jetzt?«

Kim machte die Tür weiter auf. »Schauen wir nach.«

Die drei betraten den Schuppen, in dem sich die Werkstatt befand. Das Licht brannte, aber niemand schien hier zu sein. Kim schnupperte, ein eigentümlicher Geruch lag in der Luft, der ihr bekannt vorkam. Auch Franzi und Marie war er aufgefallen.

»Das ist Wachs!«, sagte Franzi. »Bienenwachs. Bestimmt hat Tobias seine Imker-Ausrüstung hier drinnen.«

Am Ende des Raumes gab es eine weitere Tür, die nur leicht angelehnt war. Die drei !!! gingen nachsehen. Auch hier war Tobias nicht, aber Franzi hatte recht: in der Kammer war all das untergebracht, was Tobias für die Imkerei benötigte. Leere Gläser standen in einem Regal, es gab eine Honigschleuder und der weiße Imkeranzug hing hinter der Tür. Offenbar war Tobias bis eben gerade damit beschäftigt gewesen, Honig in Gläser abzufüllen. Auf einem Tisch standen leere Honiggläser, ausgedruckte Etiketten und große Kanister mit einer goldgelben Flüssigkeit, Honig. Kurz fuhr Kim der Gedanke durch den Kopf, ob Bienen so zeitig im Frühjahr überhaupt schon ausreichend Honig gesammelt hatten. Da sie schon einen Fall bei einem Imker gelöst hatten, wussten die Detektivinnen ein bisschen Bescheid. Aber noch etwas war auffällig. Franzi hatte Kim und Marie zu sich gewunken. »Seht mal, was auf den Kanistern steht«, sagte sie.

Kim verstand zunächst nicht, was Franzi meinte. Sie überflog das Etikett und blieb schließlich an einer klitzekleinen Aufschrift am unteren Rand des Kanister-Etiketts hängen. *Ursprungsland: China*, stand dort.

Es dauerte einen Augenblick, bevor Kim begriff: Tobias füllte diesen Honig in Gläser ab, auf die er sein eigenes Etikett klebte, auf dem *Echter Schwarzwaldhonig! Honig aus Dachsmoos, Schwarzwald* stand.

»Das ist noch nicht alles«, sagte Franzi. Sie hielt ihren Freundinnen zwei weitere Kanister hin. »Honig aus Mexiko und Bulgarien.«

Kim nahm die bereitliegenden Etiketten in die Hand. Es waren alles Tobias' Etiketten, es gab keine, die auf die Herkunft des Honigs aus Mexiko, Bulgarien oder China hinwiesen.

»Das ist Betrug!«, wisperte Marie.

Plötzlich war das Quietschen der Schuppentür zu hören und

Schritte, die sich näherten. »Schnell, hierher«, zischte Kim und zog ihre Freundinnen hinter zwei bodenlange Vorhänge. Tobias trat ein, Kim konnte ihn durch den Schlitz zwischen beiden Vorhängen beobachten. Nachdem Tobias kurz etwas verstaut hatte, zog er sich Einmal-Handschuhe an und ging zum Tisch, auf dem die Kanister mit dem Honig standen. Tobias stülpte einen Edelstahltrichter in eines der Gläser und goss Honig aus einem Kanister hinein. Das wiederholte er, bis der Kanister geleert war. Dann drehte er Deckel auf die Gläser, zog die Handschuhe aus und begann, die Etiketten aufzukleben.
Kim wurde unruhig, das durfte doch nicht wahr sein! Sie blickte zur Seite und zog fragend die Augenbrauen hoch. Marie und Franzi, die auch geschockt aussahen, nickten stumm. Mit einem Ruck stieß Kim die Vorhänge zur Seite.
Tobias ließ vor Schreck das Honigglas fallen, das er soeben etikettiert hatte. »Was macht ihr denn hier?«, keuchte er.
»Dasselbe könnten wir dich fragen!«, erwiderte Kim mit bebender Stimme. »Echter Honig aus dem Schwarzwald? Wohl kaum, wir haben die Kanister gesehen! Du gibst diesen Honig als den von dir und deinen Bienen hergestellt aus, dabei stimmt das gar nicht!«
Tobias versuchte nicht, es zu leugnen. Die Beweise lagen schließlich auf dem Tisch. »Der Honig ist eine wichtige Zusatzeinnahme für uns«, erklärte er. »Es gibt immer weniger Blühpflanzen. Wiesen werden zu häufig gemäht und auf vielen landwirtschaftlichen Äckern ist kein Platz für Wildblumen. Außerdem blühen inzwischen Obstbäume viel zu früh im Jahr,

weil es plötzlich warm wird. Da sind die Bienen aber oft noch gar nicht richtig aktiv. Wenn dann ein Frost kommt und die Blüten erfrieren, haben die Bienen diese Chance verpasst. Ich nehme den Bienen nicht ihren gesamten Honig weg. Darum musste ich einfach zu dieser Lösung greifen und zugekauften Honig beimischen.«

»Aber das ist Betrug!«, sagte Franzi.

»Ja, aber wir benötigen das Geld«, wiederholte Tobias. »Es ist ein wichtiges Aushängeschild für uns, dass wir in der Herberge nur eigene Marmelade und Honig anbieten, wir verkaufen die Gläser hier bei uns und ich beliefere Hotels und Hofläden. Wir haben die Jugendherberge doch erst seit drei Jahren und die Renovierungen waren teurer als erwartet, wir verdienen fast noch gar kein Geld, sondern bezahlen hauptsächlich unsere Kredite ab. Darum kaufe ich diesen günstigeren Honig zu, um ihn teurer zu verkaufen. Ich habe Angst, meine Honigkunden zu verlieren, da ich auf sie angewiesen bin.«

»Du willst deinen eigenen Bienen den Honig lassen, aber verwendest und verkaufst diesen Honig, der unnötig weite Transportwege hinter sich hat«, sagte Franzi. »Das kannst du doch nicht richtig finden und auch noch unterstützen!«

»Weiß Nora davon?«, wollte Marie wissen.

Tobias schüttelte den Kopf. »Nein, und sie darf das auch auf keinen Fall erfahren! Ich will einfach nur, dass keine Briefe und keine schlechten Bewertungen mehr kommen, sonst geht es doch niemals mit unserer Herberge bergauf.«

»Du musst diesen Honigbetrug sofort beenden!«, forderte

Kim. Dann schlug sie sich mit der flachen Hand gegen die Stirn. »Natürlich! Das sind deine *schmutzigen Geschäfte* und der *Betrug*! Das steht in einer der Bewertungen: Sobald du mit deinen *schmutzigen Geschäften* aufhörst, hören auch die schlechten Bewertungen auf. Also weiß doch jemand davon! Diese Person steckt sehr wahrscheinlich auch hinter den Briefen. Also, Tobias: Wer weiß von dieser Honigsache?«

»Ich hatte selbst schon einen Verdacht«, sagte Tobias nun. »Ich habe die Person heute sogar damit konfrontiert, doch sie hat alles abgestritten.«

»Melanie Winterthaler!«, rief Kim. »Ich habe euch gesehen, im Wald. Ihr habt gestritten.«

Tobias lachte bitter. »Ich habe ihr extra ein Treffen im Wald vorgeschlagen, damit uns niemand sieht.«

»Dann solltet ihr euch nicht ausgerechnet unter der Zipline verabreden«, entgegnete Kim trocken. »Warum sollte Melanie Winterthaler hinter den Vorfällen stecken?«

Tobias dachte nach, schließlich sagte er: »Ich will ehrlich zu euch sein: Wir haben so etwas wie eine Rechnung miteinander offen. Ihr wisst ja bereits, dass Melanie und ich während unserer Schulzeit befreundet waren. Tja, das hat sich später geändert, als die wohlhabende Business-Frau Melanie Winterthaler aus der weiten Welt zurückgekehrt war und dachte, sie tut ihrem Heimatdorf mit der Schneefabrik etwas Gutes. Als ihre Pläne bekannt wurden, habe ich eine Initiative gegründet und eine Unterschriftenaktion gestartet, um den Bau der Fabrik zu verhindern. Das ist doch Irrsinn, eine Schneefabrik! Wir haben auch Demonstrationen abgehalten, und als wir der Bürgermeisterin unseren Ordner mit Unterschriften übergeben haben, war sogar das Fernsehen vor Ort. Das war alles ein großes Ding. Tja, aber trotzdem umsonst. Durch die Fabrik nimmt die Gemeinde Gewerbesteuern ein und im Stadtrat hielt man es grundsätzlich für eine gute Idee, um den Tourismus anzukurbeln. Wie ihr wisst, wurde die Fabrik gebaut.«

»Und du glaubst, Melanie hat nur auf einen Moment gewartet, um sich an dir zu rächen?«, fragte Marie. »Das ist doch alles schon ewig her.«

»Eben nicht«, antwortete Tobias. »Die Initiative ist wieder aktiv geworden, als Melanie mit ihrem Plan an die Öffentlichkeit ging, einen Hang für eine neue Skipiste roden zu wollen, um dort ein Luxus-Hotel zu bauen. Wir waren uns fast sicher, dass wir wieder nichts ausrichten können. Die Geschwister Winterthaler können schließlich überall alles bauen, was sie wollen. Doch dieses Mal haben Melanie die Luchse einen Strich durch die Rechnung gemacht. Jedenfalls hat mir Melanie glaubhaft versichert, nicht hinter den Drohbriefen und den Bewertungen zu stecken. Außerdem sagte sie noch, solche Drohbriefe mit aufgeklebten Buchstaben seien nicht ihr Stil.«

»Was soll das heißen, die Geschwister Winterthaler können bauen, was sie wollen?«, hakte Kim nach.

»Ach nichts«, sagte Tobias schnell. »Kommt, wir gehen zurück in die Herberge. Aber könnt ihr mir versprechen, Nora nichts von all dem hier zu erzählen? Ich möchte es ihr selbst sagen.«

Damit waren die Detektivinnen einverstanden.
»Ich räume noch auf«, erklärte Tobias. »Geht schon mal vor.«
Die drei !!! liefen schweigend zurück zum Eingang der Jugendherberge. Plötzlich blieb Marie stehen. »Melanie findet die Drohbriefe kindisch, nicht wahr? Das hat Tobias gesagt.«
Kim und Franzi nickten, obwohl sie überhaupt keine Ahnung hatten, worauf Marie hinauswollte.
»Wisst ihr, diese Buchstaben auf den Briefen kommen mir die ganze Zeit schon so bekannt vor«, fuhr Marie fort. »Lina hat eine Lieblingszeitschrift, die *YZ*, das steht für *YouthZone*. Daraus könnten diese ausgeschnittenen Buchstaben stammen!«
»Das müssen wir sofort nachschauen!«, sagte Kim und zückte ihr Smartphone. Sie hatte das Profil der *YZ* schnell auf *YourFriendZ*, ihrer liebsten Social-Media-Plattform, gefunden. Sie zoomte ein Bild, das eine Seite aus der aktuellen Ausgabe der Zeitschrift zeigte, heran.
»Hier die Überschrift!«, rief Kim. »Marie, du hast doch die Briefe fotografiert! Kannst du die Fotos bitte öffnen, dann können wir einen Abgleich machen.« Kim war aufgeregt, eigentlich war der Abgleich kaum noch nötig, denn sie war sich fast sicher, dass die Buchstaben übereinstimmten.
Marie zog ihr Handy hervor und rief die beiden Fotos auf.
»Du hast recht, Marie, die Buchstaben stammen aus der *YZ*!«, sagte Kim nun ganz ruhig. Dann ließ sie das Handy sinken. »Das heißt aber auch«, sagte sie langsam, »dass wahrscheinlich jemand hinter den Drohbriefen steckt, der die *YZ* liest. Also ein junger Mensch.«

Detektivtagebuch von Kim Jülich
Freitag, 21:22 Uhr

Was für ein Tag! Die Erlebnisse überschlagen sich.
Von den anderen aus Dachsmoos haben wir beim Abendessen erfahren, dass Polizei und Feuerwehr von Brandstiftung ausgehen, da aktuell alle Faktoren gegen einen »typischen« Waldbrand sprechen, wie er im Hochsommer entstehen kann. Weitere Details sind aber noch nicht bekannt. Das Feuer hat sich zum Glück nur auf einem relativ kleinen Umkreis ausgebreitet. Weil Franzi es so früh, kurz nach Entstehen, entdeckt hatte, konnte es keine große Zerstörung anrichten. Franzi ist eine Heldin!
Wir sind uns nicht sicher über die Rolle von Melanie Winterthaler. Als Drohbriefschreiberin scheidet sie aus, da verfolgen wir jetzt eine heiße Spur, dazu gleich mehr. Auffällig war allerdings, wie emotional sie mit der Tatsache umgeht, dass ihre neuesten Bauvorhaben aus Naturschutzgründen nicht umgesetzt werden dürfen. Aber wir können uns auch nicht vorstellen, dass sie selbst in Gummistiefeln durch den Wald stapft und Tierfallen aufstellt oder die Weidezäune von Nina Waldvogel zerschneidet. Wir sollten sie jedoch nicht ganz aus den Augen verlieren.

Dann haben wir zufällig entdeckt, dass Tobias ein Betrüger ist! Also zumindest, was seinen Honig betrifft. Hier werden wir keine weiteren Schritte verfolgen, aber wir wollen sichergehen, dass Tobias Nora wirklich innerhalb der nächsten zwei Tage von seinen Machenschaften erzählt, sonst müssen wir uns noch mal unterhalten!

Nun zu unserer heißen Spur in Sachen Drohbriefe: Wir sind uns ganz sicher, dass ein Jugendlicher oder eine Jugendliche hinter den Drohbriefen steckt, da sie mit ausgeschnittenen Buchstaben aus der Zeitschrift YZ verfasst worden sind, und die liest doch kein Erwachsener. Es muss außerdem jemand sein, der oder die Tobias gut kennt und womöglich von seinem Honigbetrug weiß – warum sonst sollte er Drohbriefe erhalten? Aber genau das ist die Frage: Warum schreibt jemand Tobias Drohbriefe und verbreitet schlechte Bewertungen über die Jugendherberge im Internet?!

Eine Entschuldigung wird fällig

»Nicht zu glauben, dass heute schon der vorletzte Workshop-Tag ist!«, sagte Franzi. Die drei stapften mit Kompass und Faltplan ausgestattet durch den Wald. Heute drehte sich beim Junior-Ranger-Workshop alles um das Thema Orientierung. Die Jugendlichen waren in Gruppen unterwegs zu einem Ziel, das ihnen die Ranger jeweils vorgegeben hatten. »Schade, die Zeit verging viel zu schnell.«

»Stimmt!«, pflichtete ihr Marie bei. Auch Kim war überrascht, wie rasend diese Woche in Dachsmoos verflogen war. Aber sie freute sich auch auf zu Hause. Dann konnte sie Camilla ausführlich von ihren Ermittlungen, von dem Workshop und vom Klettern erzählen. Natürlich war Kim ebenso gespannt, was Camilla von ihrem Skate-Dancing-Kurs berichten würde.

»Marie, hast du eigentlich etwas von deinen Eltern wegen Oma Agnes gehört?«, fragte Franzi behutsam. Siedend heiß fiel Kim auf, dass sie gar nicht mehr darüber gesprochen hatten!

»Ach so, ja. Also, nein«, sagte Marie. »Gestern hätte der Termin bei der Ärztin sein sollen, zu dem Tessa Oma begleiten wollte, allerdings musste der Termin verschoben werden. Ansonsten scheint alles in Ordnung zu sein. Sorry, ich habe ganz vergessen, euch davon zu erzählen.«

»Es war auch so viel los«, sagte Kim. »Aber du weißt, dass du immer mit uns darüber sprechen kannst, wenn du möchtest.«

»Ich weiß, sagte Marie. »Durch die ganze Aufregung hier und all das Neue im Workshop habe ich die Situation zu Hause selbst ein bisschen vergessen.«

Franzi drehte die Karte in ihrer Hand. »Wo müssen wir jetzt lang?«

Kim legte den Kompass auf die Karte und passte ihn langsam an. »Hier lang, nordwestliche Richtung.«

Marie blickte sich um. »Wir sind ganz in der Nähe der Zipline, oder? Dann kann doch auch die Waldbrandstelle nicht weit sein.«

Franzi warf einen Blick auf die Karte und nickte. »Stimmt, wir laufen direkt darauf zu. Ob da eine Absperrung ist oder man etwas sieht?«

»Was ist das denn?« Kim bückte sich und hob mithilfe eines Stöckchens einen roten Schnürsenkel hoch. Er war wohl am Schuh abgerissen, der Schnürsenkel war nicht sehr lang und an einer Seite deutlich ausgefranst. »Marie, kannst du mir eine durchsichtige Tüte aus meinem Rucksack geben, sie stecken hinten im Fach am Rücken.«

Marie öffnete Kims Rucksack und tastete nach den Tüten. Sie zog eine heraus und gab sie Kim, die den abgerissenen Schnürsenkel in die Tüte gleiten ließ.

»Warum nimmst du den Schnürsenkel mit?«, wollte Franzi wissen.
»Wir sind hier in der Nähe der Brandstelle«, erklärte Kim. »Vielleicht ist das ein Beweisstück.«
»Dann hätte die Polizei ihn doch mitgenommen«, entgegnete Franzi.
Kim packte den Schnürsenkel in ihren Rucksack. »Vielleicht haben sie ihn übersehen. Ich nehme ihn einfach mal mit, wegwerfen kann ich ihn ja immer noch.«

»Und was hattet ihr für einen Schatz?«, fragte Lene, als Kim, Franzi und Marie ins Camp zurückkehrten.
»Drei Schoko-Riegel«, antwortete Kim. »Sind aber schon gegessen.«
Alle Kleingruppen waren inzwischen wieder im Camp und jede hatte den für sie versteckten Schatz gefunden. »Ihr habt jetzt sicherlich Hunger, dann können wir uns erst mal um das Mittagessen kümmern«, schlug Paula vor.
Marie meldete sich wieder zum Feuermachen, Kim und Franzi schnippelten Gemüse für das Chili sin Carne. Dazu würde es gebackene Kartoffeln geben.
Nach den Vorbereitungen fiel Franzi etwas ein: »Habt ihr schon in der App der Wildkamera nachgesehen, ob es Fotos gibt?«, fragte sie Kim und Marie. Die App hatten die beiden komplett vergessen! Franzi öffnete sie auf ihrem Smartphone. »Drei Fotos!«, sagte sie. »Jetzt bin ich gespannt.«
Kim und Marie schauten ebenfalls gebannt auf das Display. Das

erste Foto zeigte eine Amsel, die vor der Kameralinse gelandet war. Auf dem zweiten Foto war ein vorbeihuschender Fuchs zu sehen. »Es wird immer besser!«, meinte Franzi lachend. »Mal sehen, was auf dem dritten Foto ist.« Sie wischte nach links und stockte.

»Das gibt es doch nicht!«, entfuhr es Marie.

Auch Kim mochte ihren Augen nicht trauen: Auf dem Foto waren Beine zu sehen. Jemand musste dicht an der Kamera vorbeigelaufen sein. In klobigen Wanderstiefeln mit roten Schnürsenkeln! »Kannst du sehen, wann das Foto gemacht wurde?«, fragte Kim.

Franzi scrollte nach unten und da stand es. Das Foto war gestern um 16:31 Uhr gemacht worden, kurz bevor sie den Waldbrand entdeckt hatte. »Das müssen wir Paula und den anderen zeigen!«

Paula, Lennart und Schorsch hörten den Mädchen ernst zu. Kim zeigte ihnen außerdem den roten Schnürsenkel und beschrieb genau, wo sie ihn gefunden hatte. »Wir rufen die Polizei«, entschied Paula. Sie holte ihr Smartphone hervor und wählte die Nummer der Polizeidienststelle Hintermwalde. Die drei !!! hörten gespannt zu, wie Paula ihre Entdeckungen schilderte. Schon nach kurzer Zeit sagte Paula: »Nichts für ungut, es hätte ja sein können. Danke, Ihnen auch.« Paula ließ ihr Smartphone sinken. »Die Polizistin, mit der ich gesprochen habe, sagt, dass ein Wanderer die Kamera ausgelöst haben könne und der Schnürsenkel ebenfalls von einem Wanderer stammen könne, ohne etwas mit dem Brand zu tun zu haben. In der

Nähe der Brandstelle, zufällig.« Paula seufzte. »Obendrein haben sie keine Kapazität, um alle Menschen mit roten Schnürsenkeln in ihren Wanderschuhen aufzuspüren und zu befragen. Tut mir leid, ich hatte auch gehofft, dass sie sich eurer Entdeckungen annehmen.«

»Das werden wir noch sehen, ob das nicht doch Beweisstücke sind«, knurrte Kim und stopfte den Schnürsenkel zurück in ihren Rucksack.

Das Chili schmeckte super. Kim stand auf, um sich noch eine zweite Portion aus dem Kessel zu schöpfen. Dabei musste sie über einen Rucksack steigen. Kim hielt inne. Eine zusammengerollte Zeitschrift schaute aus dem Rucksack heraus. Es war die *YouthZone*. Kims Herz begann schneller zu schlagen. Doch sie beschloss, ganz ruhig zu bleiben. Sie holte sich einen Nachschlag und auf dem Rückweg zu ihrem Platz fragte sie beiläufig, wem der Rucksack gehörte. Yasmin meldete sich.

»Darf ich ein bisschen in der Zeitschrift blättern?«, fragte Kim bemüht, ruhig zu klingen. Das war Yasmins Rucksack? Es konnte natürlich ein Zufall sein, dass sie die *YZ* las, schließlich taten das viele. Yasmin nickte einverstanden.

Kim zog die zusammengerollte Zeitschrift aus Yasmins Rucksack und setzte sich zwischen Marie und Franzi, die Kims Entdeckung mitbekommen hatten.

»Glaubt ihr, Yasmin steckt hinter den Drohbriefen?«, wisperte Kim.

»Ich kann mir nicht vorstellen, was Yasmin damit zu tun haben könnte«, flüsterte Franzi. »Sie kommt doch aus Torfnau oder Hintermwalde? Jedenfalls kennt sie Nora und Tobias auch erst seit ein paar Tagen. Den ersten Drohbrief hat Tobias aber vor Beginn des Junior-Ranger-Workshops bekommen.«

Kim schlug die Zeitschrift zu. Wie die Polizei nicht alle Personen mit roten Schnürbändern befragen konnte, konnten sie nicht alle befragen, die die *YouthZone* lasen.

Gedankenverloren blickte Kim auf die Rückseite der Zeitschrift auf ihrem Schoß. Eine Werbung für eine Limo mit Mango-Geschmack war hier abgedruckt. Außerdem klebte ein Adressaufkleber darauf, Yasmin musste die Zeitschrift abonniert haben. Aber nicht Yasmins Name stand dort! Die Zeitschrift gehörte Lene.

»Lene!«, flüsterte Kim. »Sie wohnt seit ihrer Geburt in Dachsmoos und kennt Tobias und Nora.«

»Aber was für ein Motiv sollte Lene haben?«, fragte Marie aufgebracht. »Das ergibt doch keinen Sinn.«

»Kommt, wir fragen sie«, schlug Kim vor. »Hoffentlich nicht Lene!«, schoss es ihr durch den Kopf.

Die drei !!! schlenderten hinüber zu Lene, die sich ebenfalls einen Nachschlag holte. »Lene, kennst du Nora und Tobias eigentlich gut?«, fragte Marie.

»Ja, klar«, antwortete Lene. »Nora ist die beste Freundin von Paula. Und Tobias spielt mit Papa Handball, ich kenne die beiden schon, seit ich klein bin. Da waren sie nur gelegentlich in Dachsmoos zu Besuch, das war ja, bevor sie wieder hergezogen sind. Warum fragst du?«

Franzi beugte sich vor und flüsterte, damit die anderen nichts von ihrem Gespräch mitbekamen: »Jemand hat Tobias Drohbriefe geschrieben. Warst du das?«

Lene wurde kreidebleich. »Was, ich? Wie kommt ihr denn darauf?«, rief sie.

»Lass uns lieber da drüben sprechen«, schlug Franzi vor und deutete auf eine Stelle etwas abseits des Lagerfeuers. Lenes heftige Reaktion hatte schon einige neugierig herüberblicken lassen.

»Ich war das nicht!«, sagte Lene noch einmal. »Warum sollte ich Tobias irgendwelche Drohbriefe schreiben?«

»Okay, okay«, sagte Marie beschwichtigend. »Wir möchten dir glauben, wirklich! Du bekommst die *YZ* jede Woche mit der Post, oder? Kann ich mir ein paar der älteren Ausgaben von dir ausleihen?«

»Das geht nicht!«, sagte Lene leise. Sie verdrehte die Augen. »Ja, okay. Ich war's.«

»Was, warum denn?«, fragte Kim ehrlich überrascht. Sie konnte sich nicht vorstellen, was Lene dazu gebracht hatte.

»Vor zwei Wochen war ich mit Papa und Paula bei Nora und Tobias zu Besuch«, begann Lene zu erzählen. »Mir war ein wenig langweilig, darum bin ich draußen herumgelaufen. Die Tür zu Tobias' Werkstatt stand offen und ich habe mich dort ein bisschen umgesehen. Dabei bin ich auf etwas gestoßen ... das hätte ich nicht von Tobias erwartet!«

»Meinst du den Honig und die falschen Etiketten?«, wollte Franzi wissen.

»Ja! Ihr wisst davon?«, fragte Lene verblüfft.
Kim nickte. »Wir haben es gestern auch zufällig entdeckt.«
»Dann hat er immer noch nicht damit aufgehört?«, fragte Lene wütend. »Ich habe ihn zur Rede gestellt. Er hat gesagt, dass er wegen des Geldes darauf angewiesen sei. Das ist Betrug!«
»Das habe ich auch gesagt!«, bestätigte Franzi. »Warum hast du deinem Vater und Paula nichts davon erzählt?«
»Ich wollte nicht, dass Tobias schlecht dasteht, immerhin kennen er und mein Vater sich seit der Schulzeit. Außerdem hatte ich gehofft, Tobias würde aufhören, weil er einsieht, dass das ein Fehler ist. Aber hat er nicht. Und dann bin ich auf die Idee mit den Briefen und den Bewertungen gekommen«, sagte Lene nun wieder sehr leise, mit hängendem Kopf.
»Aber dadurch hast du Tobias ja erst recht schlecht dastehen lassen und die negativen Bewertungen im Internet schaden auch Nora. Alle können sie lesen. Stell dir vor, Tobias und Nora hätten die Polizei eingeschaltet!«, sagte Kim. »Du musst die Bewertungen löschen!«
»Ja, das mache ich«, antwortete Lene.
»Aber ich glaube«, begann Franzi, »du musst dich auch bei Tobias entschuldigen. Er und Nora haben wirklich Existenzängste wegen deiner falschen Bewertungen. Sie haben Angst, dass nun weniger Leute in ihrer Jugendherberge übernachten werden.«
»Das wollte ich nicht«, sagte Lene. »So weit habe ich gar nicht gedacht! Ich wollte nur, dass Tobias aufhört, diesen Honig als seinen auszugeben. Und weil er sagte, er kann damit

nicht sofort aufhören, dachte ich, die schlechten Bewertungen könnten ihn dazu bringen. Die hätte ich auch sofort wieder gelöscht, sobald er aufhört, fremden Honig als seinen auszugeben.«

Lene versprach, direkt nach dem Workshop zu Tobias zu gehen. Die drei !!! versprachen im Gegenzug, dass sie niemandem, aber vor allem nicht Yasmin und Julius davon erzählen würden, dass Lene hinter den schlechten Bewertungen steckte. Dass es die gab, hatte sich nämlich leider rasend schnell im Dorf herumgesprochen. Von den Briefen wusste wenigstens niemand etwas, außer Lene, Tobias und den Detektivinnen.

»Ach, und Lene«, fiel Marie ein. »Wir haben noch eine Frage, aber dabei geht es um etwas anderes: Tobias hat heute von den *Winterthaler-Geschwistern* gesprochen. Wer ist denn der Bruder oder die Schwester von Melanie Winterthaler, lebt er oder sie auch in Dachsmoos?«

Lene konnte wieder lachen. »Klar kann ich euch das sagen: Als Paula und Papa vor drei Jahren geheiratet haben, hat er ihren Nachnamen angenommen und heißt seither Patrick Andris und nicht mehr Patrick Winterthaler. Mein Papa ist der Bruder von Melanie Winterthaler.«

Die Geschwister Winterthaler

»Was hat das zu bedeuten?«, fragte Kim. »*Die Geschwister Winterthaler können schließlich überall alles bauen, was sie wollen* – was hat Tobias damit gemeint?«

Nach dem Mittagessen hatte die Gruppe eine kleine Wanderung unternommen, bei der sie sogar einen Wasserfall passiert hatten! Die Ranger hatten den Jugendlichen gezeigt, wie Wanderwege gesichert werden, damit an schmalen oder sogar steil abfallenden Pfaden niemand zu Schaden kommt. »Regelmäßig müssen solche Wanderwege und ihre Sicherungen, wie zum Beispiel Geländer, überprüft werden sowie ob alle Markierungen und Schilder, die die Wanderroute kennzeichnen, noch vorhanden und lesbar sind«, hatte Schorsch erklärt.

Franzi hatte sich besonders über den Müll geärgert, der entlang des Wanderweges zu finden war. »Die Menschen wollen die Natur genießen und können sich ihre leeren Süßigkeitenverpackungen nicht in die Hosentaschen stecken?«, grummelte Franzi fassungslos.

Paula warf Schorsch und Lennart einen Blick zu und seufzte.

»Das fragen wir uns jedes Mal, Franzi, wie es sein kann, dass die Wanderwege und auch der Wald so vermüllen. Daher ist es ganz wichtig, dass es euch zukünftige Junior-Ranger gibt. Ihr könnt uns dabei unterstützen, den Leuten zu erklären, dass Müll in der Natur nichts zu suchen hat, und, wenn ihr möchtet, zum Beispiel Aufräum-Aktionen starten.«
»Das können wir bei uns tatsächlich mal machen!«, schlug Kim vor. »Dann bringen alle Teilnehmenden einen Müllbeutel und Handschuhe mit und wir machen eine Müll-Wanderung. Also, gegen Müll.«
»Schade, dass das nötig ist«, fand Franzi. »Aber das ist trotzdem eine richtig gute Idee!«

Die Detektivinnen hatten sich sofort nach dem Ende des heutigen Workshop-Programms am Nachmittag auf ihr Zimmer in der Jugendherberge zurückgezogen. Es gab viel zu besprechen!
»Und wenn wir Tobias einfach fragen?«, schlug Franzi vor.
»Er wollte uns nicht antworten, Kim hat ihn doch schon gefragt.« Marie klang erschöpft. Die drei !!! zerbrachen sich den Kopf, doch sie hatten keine Idee, was der Herbergsvater gemeint haben könnte.
»Patrick hat den Kletterpark vor 15 Jahren gebaut«, überlegte Kim laut. »Glaubt ihr, damit stimmt etwas nicht?«
»Könnte sein. Oder beim Bau ging es nicht mit rechten Dingen zu«, sagte Franzi. »Tobias scheint jedenfalls etwas zu wissen oder zu ahnen.«
»Wollen wir Patrick direkt darauf ansprechen?«, fragte Marie.

»Wir sollten erst mal weitere Indizien sammeln«, schlug Franzi vor. »Ich bekomme zu Hause durch Stefan und Britt ein wenig mit, wie kompliziert es mit dem Bauen ist. Die beiden überlegen doch, mit Freunden einen Bauernhof zu kaufen. Wegen ganz vieler Dinge muss man Bauanträge bei der Gemeinde stellen, wenn man Anbauten machen möchte, eine Scheune umbauen oder ein Gewächshaus aufstellen. So Sachen. Wenn man einen ganzen Kletterpark errichten will, und noch dazu in einem Waldstück, muss doch sicher auch einiges beantragt werden. Vielleicht kommen wir so an Informationen?«

»Du hast recht«, sagte Kim. »Wir müssen selbst erst mehr wissen, bevor wir Patrick ansprechen können. Vielleicht wollen wir auch nur etwas Verdächtiges hinter Tobias' merkwürdigem Satz vermuten.«

»Aber wo und wie können wir denn solche 15 Jahre alten Anträge einsehen?«, fragte Marie. »Wir werden doch nicht etwa in das Büro von *TreeFriends* einsteigen, oder?«

Franzi beschloss, ihren Bruder Stefan zu fragen. Er und seine Freundin Britt beschäftigten sich gerade viel mit dem Thema Hauskauf und allem, was dazugehörte, vielleicht konnte das den drei !!! weiterhelfen.

»Also Stefan meint, dass solche alten Unterlagen im Bauamt aufbewahrt werden, vielleicht auch im Gemeindearchiv«, berichtete Franzi, nachdem sie das Telefonat mit ihrem Bruder beendet hatte.

»Das klingt gut, danke, dass du Stefan angerufen hast!«, sagte Kim. »Aber ob es hier ein Archiv gibt? In Dachsmoos wohl kaum, dann müssen wir vielleicht nach Hintermwalde oder Torfnau fahren.«

Marie hatte bereits ihr Smartphone gezückt, um im Internet nach dem hiesigen Gemeindearchiv zu suchen. »Nein! Das Archiv ist in Dachsmoos!«, rief sie. »Das ist doch gut. Oh, aber hier steht auch, dass es nur nach vorheriger telefonischer Anfrage öffnet. Hm, ob das dann so spontan möglich ist? Wir wollen doch heute direkt hin, oder?«

»Steht da auch die Telefonnummer?«, wollte Franzi wissen. »Dann können wir nachfragen, wann es möglich wäre, das Archiv zu besuchen.«

Marie klickte die Nummer an und es nahm am anderen Ende ziemlich schnell jemand ab. Franzi und Kim hörten gespannt zu. Schließlich sagte Marie: »Oh, das ist ja ein glücklicher Zufall! Danke schön, wir gehen sofort los!« An Kim und Franzi gewandt sagte Marie: »Die Archivarin ist gerade mit einer Gruppe Studierender im Archiv, wenn wir uns beeilen, haben wir vielleicht noch die Möglichkeit, nach den Unterlagen vom Bau des Kletterparks zu suchen.«

Das Archiv lag im Keller eines alten Schwarzwaldhauses, in dem das Dorfmuseum von Dachsmoos untergebracht war. Im Keller roch es nach Staub, altem Papier und es war recht düster. Die Archivarin war so mit der Gruppe Studentinnen und Studenten beschäftigt, dass sie mit Kims einfacher Erklärung, sie seien hier, um etwas zu recherchieren, absolut einverstanden war. Sie erklärte ihnen grob, wo sie welche Arten von Unterlagen fanden, dann wandte sie sich wieder ab. Die Unterlagen jüngeren Datums waren in Aktenordnern in Bücherschränke sortiert. Schnell hatten die Detektivinnen den Schrank mit Anträgen gefunden und auch das richtige Jahr. »Ich finde keinerlei Anträge oder Unterlagen von Patrick Andris«, sagte Kim enttäuscht, die die Akten rasch durchblätterte.

»Das geht auch gar nicht«, sagte Franzi. »Damals hieß Patrick doch noch Winterthaler!«

»Ach ja, klar!« Kim schlug sich mit der flachen Hand gegen die Stirn. Sie nahm einen anderen Ordner aus dem Regal und blätterte eilig darin. »Hier«, stieß sie hervor. Ein ganzer Stapel Papiere in diesem Ordner handelte von dem Bauvorhaben Patrick Winterthalers, am Waldrand einen Kletterpark zu errichten. »Das ist der Bauantrag.« Kim tippte mit dem Zeigefinger auf ein mehrseitiges Dokument, das eng beschrieben war. »Hier erklärt Patrick, was genau er vorhat, es gibt Pläne und Zeichnungen«, stellte Kim fest. Außerdem gab es zahlreiche handschriftliche Anmerkungen an den Rändern des Antrags. »Jemand äußert hier Bedenken, dass ... Was steht hier? Das kann doch keiner lesen ... ach so: Bedenken, dass ein Kletterpark mitten im Wald Tiere und Pflanzen stören könne.«

Kim blätterte weiter. Nach dem eigentlichen Antrag folgten Seiten mit einer Überarbeitung, in der Patrick auf all die handschriftlichen Anmerkungen eingegangen war. Kim fand Beispiele anderer Kletterparks in Wäldern. Er argumentierte, dass durch die Einbindung in den Wald Kinder und Erwachsene eine stärkere Bindung zur Natur bekämen und so auch zu Themen wie Umwelt- und Naturschutz Zugang fänden.

»Klingt nachvollziehbar«, meinte Franzi, die über Kims Schulter schaute und mitlas.

»Aufwertung des touristischen Angebots«, murmelte Kim, »keine Beeinträchtigung der Tiere. Aber das Bauamt war immer noch nicht zufrieden. Er soll noch mal nachbessern«, fasste Kim zusammen.

»Und jetzt kommt ein Gutachten«, erkannte Franzi mit Blick auf die Unterlagen. »Das hat eine Biologin verfasst.«

»Scheinbar war es überzeugend, denn die nächste Seite in dieser Mappe ist die Genehmigung des Bauantrags«, stellte Kim fest.

»Hm«, machte Marie. »Klingt nicht nach Auffälligkeiten.«

»Der Name von dieser Biologin kommt mir bekannt vor ...«, überlegte Kim. »Den habe ich während der letzten Tage schon mal gehört. Oder gelesen? Moment.« Sie gab den Namen, Dr. Jennifer Lohschelder, in die Online-Suchmaschine ein. »Ach was«, sagte Kim. »Wusste ich es doch! Ich habe den Namen auf der Homepage von Melanie Winterthalers Schneefabrik gelesen. Dort ist eine Frau Dr. Jennifer Lohschelder als *Beraterin für Naturraumentwicklung und nachhaltiges Wirtschaften* aufgeführt. Was auch immer das heißt.« Kim dachte nach. Waren die Unterlagen zum Bau des Kletterparks eine Sackgasse? Es fühlte sich so an. Aber diese Biologin verband die *Geschwister Winterthaler* auf nicht uninteressante Art und

Weise. »Wollen wir die Biologin befragen?«, schlug Kim vor. »Ich sehe hier keine klaren Indizien, die uns weiterhelfen. Aber vielleicht bringt uns die Biologin weiter, immerhin war und ist sie für die Winterthalers tätig.«
Marie und Franzi waren einverstanden. Zu dritt räumten sie die Aktenordner wieder an die richtigen Stellen in den jeweiligen Schränken, dann bedankten sie sich bei der Archivarin und machten sich auf den Weg in die Mardergasse, in der Jennifer Lohschelder wohnte, was Kim auf der Homepage der Biologin erfahren hatte.

Es dämmerte schon. Kim warf einen Blick auf ihre Uhr. »Wir müssen uns etwas beeilen, sonst kommen wir zu spät zum Abendessen.«
»Wir sind doch gleich da und es dauert sicherlich nicht lange«, meinte Marie.
Jennifer Lohschelder wohnte im Erdgeschoss eines kleinen Häuschens. Als die drei !!! klingelten, bellte ein Hund. Eine drahtige Frau in Trainingskleidung öffnete ihnen.
»Oh, hi«, sagte sie überrascht.
»Hallo, mein Name ist Marie und das hier sind Kim und Franzi – haben Sie vielleicht fünf Minuten Zeit für uns? Wir würden Sie gerne etwas fragen.«
»Aber wirklich nur fünf Minuten, in zehn Minuten beginnt mein Online-Pilates-Kurs«, antwortete Jennifer Lohschelder und schaute die drei Mädchen erwartungsvoll an.
Marie wartete kurz, ob sie sie hereinbitten würde, aber als das

nicht passierte, fragte sie direkt: »Haben Sie ein Gutachten für Patrick Andris verfasst, das dazu geführt hat, dass der Bauantrag für seinen Kletterpark bewilligt wurde?«

Die Biologin blickte mit gerunzelter Stirn zwischen den drei Mädchen hin und her. »Warum wollt ihr das wissen?«, fragte sie. »Wart ihr da überhaupt schon geboren?«

»Wir arbeiten an einem Projekt für die Schule!«, antwortete Marie empört. »Es geht um nachhaltigen Tourismus und wir haben uns gefragt, ob ein Kletterpark in einem Wald wirklich nachhaltig ist.«

Diese Antwort schien Jennifer Lohschelder zu reichen, außerdem war sie in Zeitnot. Schon zum zweiten Mal hatte sie auf ihre Smartwatch geschaut.

»Ja, ich habe dieses Gutachten erstellt. Melanie, Patricks Schwester, hat mich damit beauftragt. Damals habe ich umfassende Erkundungen und Beobachtungen in dem Waldgebiet vorgenommen, die Population vornehmlich von Vögeln und einigen Pflanzenarten untersucht und bin zu dem Schluss gekommen, dass der Kletterpark mit Patricks Konzept keinerlei Schäden im Ökosystem anrichten wird. Das würde ich heute übrigens wieder genauso bewerten. Mit einem anderen Ergebnis hätte der Kletterpark niemals gebaut werden können, die Entscheider im Bauamt waren sehr kritisch und skeptisch.« Die Biologin seufzte. »Fünfzehn Jahre später hat sich nichts daran geändert.«

»Wie meinen Sie das? Erstellen Sie aktuell wieder ein Gutachten zu einem Bauantrag?«, hakte Franzi nach.

»Ja, ich arbeite für Melanie Winterthaler und sitze im Moment an einem sehr umfassenden Gutachten. Witzigerweise geht es wieder um Vögel, aber dieses Mal etwas größere. Auerhähne. Ach ja, und die Luchse natürlich.«
»Was für ein Bauvorhaben plant Melanie Winterthaler denn, die Skipiste und das Hotel wurden doch bereits abgelehnt?«, fragte Marie verwundert.
Jennifer Lohschelder schnaubte. »Wir lassen natürlich nicht locker! Das Gutachten soll den Bau doch noch ermöglichen. Die Auerhähne und Luchse leben schließlich nicht nur auf dem Gebiet, auf dem Hotel und Skipiste entstehen sollen. Wir planen ein umfangreiches Aufforstungsprojekt zum Ausgleich. Es ist wirklich hart, aber Melanie ist dieses Projekt unglaublich wichtig. So, jetzt habe ich aber genug geschwätzt. Macht's gut!« Die Biologin wollte die Tür schließen.
»Eine Frage habe ich noch«, rief Kim. »Sie sagten, Melanie Winterthaler hatte sie damals für das Kletterwald-Gutachten beauftragt. Hat sie das Gutachten auch bezahlt?«
»Ich glaube schon, ja. Ja, Melanie hat das Gutachten bezahlt. So, jetzt muss ich aber los. Viel Spaß mit eurem Projekt.«
Jennifer Lohschelder schloss die Tür nun ganz.

Etwas benommen von diesem Gespräch machten sich die drei !!! auf den Weg zur Jugendherberge.
»Was meint ihr?«, fragte Marie in die Stille hinein. »Ich bin komplett überrascht, dass Melanie Winterthaler ihre Pläne doch nicht aufgegeben hat!«, stellte Franzi fest. »Es scheint

glasklar zu sein, dass weder Skipiste noch Hotel gebaut werden können, und trotzdem arbeitet sie weiter daran.«

»Wirklich komisch«, fand auch Kim. »Sie kann wohl nicht loslassen. Aber ich bin beruhigt, dass der Kletterwald nicht illegal gebaut worden ist! Ich habe schon Schlimmes befürchtet.«

»Aber Tobias hat trotzdem irgendwie recht«, gab Marie zu bedenken, »von außen betrachtet wirkt es so, als könnten die Winterthaler-Geschwister alles bauen, was sie wollen. Es braucht im Zweifel nur Geld und Kontakte zu den richtigen Leuten. Ohne das von seiner Schwester bezahlte Gutachten hätte Patrick sich seinen Traum vom Kletterpark im Wald nicht erfüllen können.«

Schweigend und gedankenversunken liefen die drei nebeneinanderher. Plötzlich sagte Kim in die Stille hinein: »Meint ihr, Patrick Andris ist seiner Schwester so dankbar, dass er ihr jetzt dabei hilft, *ihren großen Traum* zu verwirklichen?«

Detektivtagebuch von Kim Jülich
Samstag, 23:18 Uhr

Kann es sein, dass Melanie Winterthaler ihren Bruder Patrick Andris damit beauftragt hat, im Dorf Stimmung gegen Luchse zu machen oder die Tiere sogar einzufangen, damit sie dem Bau ihres Hotels und der Skipiste nicht weiter im Weg stehen? Warum macht er das mit? Dass sie ihre Pläne doch noch nicht begraben hat, hat uns alarmiert.

Wir haben vorhin lange noch darüber gesprochen: Wenn die Stimmung gegen den Luchs kippt, weil die Menschen Angst haben, kann das auch positive Auswirkungen haben – vielleicht werden die Anträge dann bewilligt? Kann sein. Wären die Luchse weg, hätte sich das Problem erledigt. Also fast, dann wären da noch die Auerhähne. Das sind alles bislang nur Vermutungen. Morgen ermitteln wir weiter.

Kletterprüfung

Kim war nervös. Zum Abschluss der Woche sollte eine kleine Kletterprüfung abgelegt werden. Was genau die Prüfung beinhaltete, hatte noch niemand verraten. Außerdem würde es schwer werden, am letzten Tag ihres Aufenthaltes noch etwas herauszufinden, das ihren Fall betraf. Denn Patrick Andris war nicht im Kletterpark! Franzi hatte Lene unauffällig gefragt, ob ihr Vater gar nicht bei der Prüfung dabei war, doch Lene war sich nicht sicher, sie wusste nur von einem Termin, den er am Vormittag hatte.

Die zwei *TreeFriends*-Mitarbeiterinnen, die die Jugendlichen bereits von den Tagen zuvor im Kletterwald kannten, waren auch heute wieder da. Sie erklärten der Gruppe, was es für den kleinen Kletterschein zu tun gab. Kim hörte mit gerunzelter Stirn zu.

»Was meinst du, Kim?«, flüsterte Franzi. »Machst du mit?«

Noch war sie sich nicht sicher. Eigentlich wurden nur noch mal Situationen abgeprüft, die sie an den Tagen zuvor geübt hatten. Dafür sollten die Jugendlichen einen kleinen Parcours durchklettern, bei dem sie sich gegenseitig abschnittsweise sichern sollten und einen Abschnitt ohne Fremdsicherung bewältigen mussten, um schließlich den Parcours mit einem kleinen Sprung in die Tiefe zu beenden.

»Ich versuche es«, sagte Kim. »Wenn ich es nicht schaffe, bin ich eben eine Junior-Rangerin ohne kleinen Kletterschein.«

Weil sie bereits miteinander geübt hatten, taten sich Kim und Franzi wieder als Team zusammen, und Marie und Yasmin ebenfalls. Dieses Mal beschloss Kim, zuerst zu klettern, vor Franzi. Weil Franzi so gut und mutig war, hatte Kim Sorge, sie könnte sonst davon eingeschüchtert sein.

»Ach so, das habe ich ganz vergessen zu sagen«, rief Maggy, eine der beiden *TreeFriends*-Mitarbeiterinnen. »Es gibt eine Zeitbegrenzung, innerhalb derer ihr den Kletterparcours bewältigen müsst, zehn Minuten sind es.«

»Das schaffen wir locker, Kim!«, rief Franzi. Kim war sich da nicht so sicher. Hätte Maggy das nicht gleich sagen können, dann hätte sie es sich vielleicht doch noch anders überlegt, dachte sie fahrig. Sie stand schon am Fuß des Netzes bereit, das hochgeklettert werden musste, um zur ersten Plattform zu gelangen. Aber jetzt gab es kein Zurück mehr. Maggy pustete in eine Trillerpfeife, das war das Signal! Kims Zeit lief. Kim kletterte hastig das Netz hinauf. »Einfach vorwärts, einfach vorwärts«, murmelte sie dabei.

»Das machst du super!«, rief Franzi von unten, doch Kim hörte sie nicht.

Nach einiger Zeit rief Maggy: »Noch eine Minute!«

Kim erschrak, sie musste noch die Hängebrücke zur letzten Station überqueren. Das schaffte sie spielend. Jetzt stand Kim auf der letzten Plattform. Maggy hatte ihnen erklärt, dass sie sich hier umdrehen und zurücklehnen sollten wie in eine Sonnenliege. Sie würden fallen, aber auf einer weichen Matte landen. Kim schluckte. Zaghaft machte sie einen Schritt zum Rand der Plattform und versuchte, nicht runterzuschauen. Es klappte nicht. Kim hatte Angst, dass ihr wieder schwarz vor Augen werden könnte. Doch nichts geschah. Sie drehte sich langsam um, atmete noch einmal tief durch. Vorsichtig ging sie etwas in die Knie und lehnte sich zurück. Nur ein Stückchen. Es reichte noch nicht, Kim fiel nicht. »Noch zehn!«, rief Maggy. Die anderen zählten begeistert runter: »Neun, acht!«

»Sieben!«, dachte Kim und ließ sich fallen.

Als sie auf der weichen Matte landete, stand Franzi schon neben ihr. »Du hast es geschafft! Ich bin so stolz auf dich!«

Kim öffnete die Augen, ihre Freundinnen waren über sie gebeugt und jubelten. Sie lächelte glücklich und ließ sich feiern. Dann stand sie mit noch wackeligen Knien auf.

Nun war Franzi dran und Kim sicherte sie während des ersten Teils des Parcours. Franzi durchkletterte ihn in einer Rekordzeit von sechs Minuten und 30 Sekunden.

Auch Marie schaffte es, wie zum Glück alle Junior-Ranger, so konnten sie sich gemeinsam freuen.

Lennart verkündete, dass sie noch eine Stunde klettern durften.

»Marie, wollen wir mal den schweren Parcours ausprobieren?«, fragte Franzi. »Den für Fortgeschrittene?«

»Ja, lass uns schauen, ob wir das schaffen«, sagte Marie. »Kim, willst du auch mitkommen?«

Kim schüttelte den Kopf. »Ich setze mich hier auf die Bank und ruhe mich ein bisschen aus. Vielleicht komme ich später bei euch vorbei und schaue zu.«

Franzi und Marie verabschiedeten sich und Kim ließ sich erschöpft auf die Bank fallen.

»Ich habe gehört, dass du als Erste geklettert bist und es super gemacht hast!«, erklang eine Stimme neben ihr. Patrick Andris!

»Ja, es hat ganz gut geklappt. Fast hätte ich mich am Ende nicht getraut, mich fallen zu lassen.«

»Das macht doch nichts. Am Dienstag dachtest du noch, du würdest überhaupt nicht klettern. Auch erfahrene Kletterer haben Respekt vor manchen Aufgaben. Das ist auch gut so, sonst wird man leichtsinnig.« Patrick Andris ging weiter. Dabei bemerkte Kim etwas: Er trug klobige, schwere Wanderstiefel, etwa in Größe 46 und mit roten Schnürsenkeln! Das Schuhband an seinem rechten Schuh war zu kurz, er konnte an diesem Schuh keine Schleife mehr binden, sondern nur einen Knoten machen. Kim sprang auf, das musste sie Marie und Franzi erzählen!

»Wir müssen ihn zur Rede stellen!«, sagte Franzi sofort und stürmte los.

»Nein, warte!«, meinte Marie und hielt Franzi am Arm fest. »Sieh mal, er schaut immer wieder nervös auf sein Handy. Etwas ist da los, wir sollten ihn zunächst weiter beobachten.«

»Du hast recht«, gab Franzi zerknirscht zu.
In diesem Moment klingelte Patrick Andris' Handy. War es dieser Anruf, auf den er immerzu gewartet hatte? Mit großen Schritten lief er Richtung Parkplatz. Nun folgten ihm die drei !!!.
Patrick hatte den Anruf inzwischen angenommen. Die Detektivinnen versteckten sich hinter einem Auto, Patrick lief auf und ab. Sie konnten nur einen Fetzen des Gespräches mithören: »Nein, ich mache das nicht mehr ... Nein, vergiss es, jetzt ist Schluss!« Dann drückte Patrick Andris das Gespräch weg. Wenige Sekunden später war ein Piepston zu hören und Patrick schaute mit gerunzelter Stirn auf sein Telefon. Seufzend schob er es anschließend in die Hosentasche. Dann eilte er zurück in den Kletterpark. Die drei !!! duckten sich. Wäre der Kletterparkbesitzer nicht so gedankenversunken gewesen, hätte er sie bestimmt bemerkt. Die drei !!! folgten ihm unauffällig mit ausreichend Abstand und hörten, wie Patrick Maggy mitteilte, dass er kurz wegmüsse. Kim, Franzi und Marie zogen sich rasch ihre Klettergurte aus, legten sie beiseite und gingen Patrick Andris nach. Dabei achteten sie darauf, dass niemand sie sah.
Patrick bog am Parkplatz des Kletterwaldes links ab, ging ein kleines Stück durch das Dorf, um es dann wieder Richtung Wald zu verlassen. Wenige hundert Meter weiter erreichte er einen Wanderparkplatz.
»Wir verstecken uns in der Regenschutzhütte«, wisperte Kim. Gerade rechtzeitig drückten sie sich an die Bretterwand, als ein Auto auf den Parkplatz fuhr. Kim lugte zwischen zwei Holz-

brettern hindurch. Eine Frau stieg aus dem weißen Wagen. »Was willst du, Melli?«, fragte Patrick Andris. Er klang erschöpft.
»Melanie Winterthaler!«, flüsterte Marie überrascht.
»Es ist doch alles gesagt«, fuhr Patrick fort. »Ich steige aus!«
Melanie Winterthaler kickte einen Kieselstein mit der Stiefelspitze weg, dann antwortete sie ganz ruhig: »Du weißt doch, wie wichtig das für mich ist. Für mich *und* für Dachsmoos. Gerade du müsstest wissen, wie es ist, wenn man einen Traum hat, der kurz davor ist, sich zu erfüllen. Du erinnerst dich?«
Patrick Andris nickte kaum merklich mit dem Kopf.
»Siehst du«, sagte seine Schwester zufrieden. »Ich kann nur zum Ziel kommen, wenn du mir hilfst. So wie ich dir damals geholfen habe. Du musst das nur noch ein Mal für mich tun, mir nur noch ein einziges Mal helfen!« Gar nicht mehr ruhig, sondern fast flehentlich klang die Geschäftsfrau nun.
»Ich habe genug getan«, sagte Patrick Andris frostig. »Du hattest deine Chance, es ist vorbei!«
»Was ist vorbei, was?«, flüsterte Franzi aufgebracht. Kim knuffte ihr vorsichtig mit dem Ellenbogen in die Seite. Sie durften jetzt auf keinen Fall entdeckt werden!
Melanie seufzte. »Ach, Bruderherz. Ich will das nicht machen, weißt du. Aber wenn du das so willst, dann werde ich mich vielleicht doch mal an die Presse wenden. Die ist sicherlich sehr interessiert daran, dass dein Bauantrag vor fünfzehn Jahren mehrfach wegen Naturschutzbedenken abgewiesen wurde. Und erst als ein teuer bezahltes Gutachten vorgelegt wurde, ging auf einmal alles ganz schnell.«

»Das Gutachten ist sauber!«, sagte Patrick Andris laut. »Und *du* hast es bezahlt, das wird doch sicherlich viel mehr von Interesse sein.«

Melanie Winterthaler blieb unbeeindruckt. »Du weißt, was du mir zu verdanken hast. Heute Abend bei Einbruch der Dunkelheit genau hier? Du brauchst nichts mitbringen, ich kümmere mich um alles.«

Ohne ein weiteres Wort stieg Melanie Winterthaler in ihren Wagen und brauste davon. Einen Moment später verließ auch Patrick Andris den Wanderparkplatz.

»Patrick und Melanie«, sagte Kim matt. »Sie stecken also wirklich hinter den Vorfällen im Wald?«

»Sieht so aus«, sagte Franzi ebenso erschrocken.

»Wir müssen heute Abend auch hier sein!«, sagte Marie. »Bei Einbruch der Dunkelheit wollen sie sich treffen, wir verstecken uns wieder genau hier.«

»Aber wir müssen Nora und Tobias Bescheid geben, oder nicht?«, fragte Kim.

»Lass das mal meine Sorge sein«, entgegnete Marie.

Ein besonderer Preis

Direkt nach dem Abendessen schlichen Kim, Franzi und Marie aus der Jugendherberge. Ihre Rucksäcke mit warmer Kleidung hatten sie zuvor draußen hinter einem Blumenkübel versteckt. Es war kühl und es dämmerte bereits. Die Mädchen waren dunkel gekleidet, was beim ausgelassenen Abendessen zum Glück niemandem aufgefallen war.

»Ich habe auch eine Stirnlampe und eine Taschenlampe dabei«, sagte Kim mit gedämpfter Stimme. »Falls unsere Handy-Akkus schlappmachen.«

»Darauf sollten wir es wirklich nicht ankommen lassen«, mahnte Franzi.

Am Parkplatz angekommen, war noch kein Auto dort. Drei Straßenlaternen beleuchteten den Parkplatz schwach. Die drei !!! versteckten sich in der Regenschutzhütte. Kim testete, ob Stirnlampe und Taschenlampe funktionierten, und setzte sich die Stirnlampe vorsichtshalber schon einmal auf.

Es wurde dunkel. Eine vierte Straßenlaterne schaltete sich ein, aber sonst geschah nichts.

»Vielleicht haben sie ihre Pläne kurzfristig geändert«, befürchtete Franzi.
Marie streckte ihre Hand aus. »Ich glaube, wir können ein bisschen Power vertragen«, sagte sie leise.
Franzi und Kim grinsten, streckten ihre Hände aus und legten sie auf Maries Hand.
Kim flüsterte: »Eins.«
Franzi flüsterte: »Zwei.«
Und Marie flüsterte: »Drei.«
Dann warfen sie ihre Hände in die Luft und sagten gemeinsam leise: »Power!!!«
Genau in diesem Moment war in einiger Entfernung ein Auto zu hören. Es näherte sich dem Parkplatz und bog ab. Es war der weiße Wagen von Melanie Winterthaler. Sie parkte ihn am anderen Ende des Parkplatzes und schaltete die Scheinwerfer des Autos aus. Wieder passierte mehrere Minuten lang nichts. Kim wurde langsam nervös. Hatte Franzi recht und die Geschwister hatten ihre Pläne für heute Abend geändert?
Zehn Minuten waren inzwischen verstrichen. Melanie Winterthaler öffnete die Tür auf der Fahrerseite und stieg aus. Im schwachen Licht der Straßenleuchten konnte Kim sehen, dass die Unternehmerin mit vor der Brust verschränkten Armen ein paar Schritte über den Parkplatz ging und sich suchend umblickte. Sie zog ihr Handy aus der Jackentasche, tippte darauf herum und hielt es sich schließlich ans Ohr. Wenn sie jemanden zu erreichen versuchte, ging die Person nicht dran, Melanie Winterthaler ließ das Telefon schnell wieder sinken.

Sie fluchte leise. Auf dem fast leeren Parkplatz klang das seltsam hohl.

»Wo steckt Patrick?«, flüsterte Marie. »Hat er es sich anders überlegt?«

»Wir können nicht ewig hier warten.« Kim war mulmig zumute.

Melanie Winterthaler schien auch nervös zu sein, hektisch versuchte sie, ihren Kofferraum zu öffnen.

»Was holt sie da raus?«, fragte Franzi.

Das schwache Licht der Laternen war leider zu dunkel und Melanie Winterthaler zu weit weg. Die Detektivinnen hörten nur, dass schwere Gegenstände aus dem Auto gewuchtet wurden.

»Möchte sie es jetzt alleine durchziehen?«, wisperte Kim. »Was auch immer *es* ist.«

»Das befürchte ich auch«, sagte Franzi. »Was ist, wenn sie etwas wirklich Gefährliches macht, das den Luchsen oder anderen Tieren schrecklich schadet?«

Marie aktivierte den Bildschirm ihres Smartphones. Es war 20:30 Uhr, seit einer Stunde warteten sie bereits. Sie steckte ihr Handy wieder in die Jackentasche und zog den Reißverschluss zu. »Unsere Rucksäcke lassen wir hier und jede nimmt eine Taschenlampe«, sagte Marie. »Wir überrumpeln sie!«

Melanie Winterthaler drehte sich um, als sie Schritte auf dem Kies des Parkplatzes hörte. Im Schein der Taschenlampen war deutlich eine Mischung aus Enttäuschung und Überraschung auf ihrem Gesicht zu sehen. »Sie haben Patrick erwartet und nicht uns, stimmt's?«, sagte Franzi.

Melanie Winterthaler verdrehte die Augen und wandte sich wieder dem Kofferraum zu. »Müsstet ihr nicht längst im Bett sein?«

»Wir wissen, dass Sie hinter den Vorfällen im Wald stecken«, sagte Kim mit fester Stimme. »Sie und Ihr Bruder.«

Melanie hielt inne und drehte sich erneut um. Sie lachte kurz und freudlos. »Das muss erst mal jemand beweisen. Ich habe mir nicht die Finger schmutzig gemacht.« Unbeirrt fuhr sie fort, Schachteln und Werkzeuge aus dem Kofferraum ihres SUVs zu räumen. Ein richtiger Stapel hatte sich schon auf dem Parkplatz gebildet.

Kim hatte ihr Handy aus der Tasche gezogen. Über den Parkplatz schallte etwas blechern Melanies Stimme: *»Du musst das nur noch ein Mal für mich tun, mir nur noch ein einziges Mal helfen!«*

Kim hatte das Gespräch zwischen den Geschwistern am Nachmittag mit dem Handy aufgenommen! Melanie Winterthaler hielt nur kurz inne, dann schloss sie den Kofferraum. Sie hob eine Kiste auf, die sie sich unter den linken Arm klemmte, und nahm mit der anderen Hand zwei Werkzeuge hoch.

»Und?«, fragte Melanie Winterthaler. »Ihr haltet mich jetzt nicht mehr auf.«

»Aber die vielleicht«, sagte Marie ungerührt.

Ein Auto fuhr mit so hoher Geschwindigkeit auf den Parkplatz, dass der Schotter regelrecht aufgewirbelt wurde. Der Wagen hielt und fast gleichzeitig öffneten sich die Fronttüren.

Nora und Tobias stiegen aus. »Gerade rechtzeitig«, seufzte

Marie erleichtert. Die Detektivinnen hatten die Herbergseltern eingeweiht. »Wir dachten, wir sollen erst um 21 Uhr hier sein?!«, rief Nora, die sichtlich erschrocken war, dass die drei !!! Melanie Winterthaler bereits mit ihrem Verdacht konfrontiert hatten.

Langsam fiel es Melanie Winterthaler immer schwerer, ihren kühlen, abgebrühten Gesichtsausdruck aufrechtzuerhalten.

»Was macht ihr denn hier, Nora und Tobi?«, fragte sie einigermaßen fassungslos.

»Die Polizei kommt jeden Moment, Melli«, sagte Tobias. Kim konnte einen traurigen Unterton erkennen, wahrscheinlich tat es Tobias um seine ehemalige Schulfreundin leid.

»Was wollt ihr denn alle von mir?«, fragte Melanie Winterthaler unwirsch.

»Sie haben Ihren Bruder dazu angestiftet, Straftaten zu begehen!«, sagte Marie laut. »Damit man Ihnen nichts nachweisen kann und Sie sich nicht die Finger schmutzig machen müssen. Das haben Sie eben sogar selbst zugegeben. Nur, um ein Stück Wald platt- und dem Erdboden gleichzumachen für Ihre Skipiste und ein Luxus-Hotel!«

»Pah!«, machte Melanie Winterthaler. »Was wisst ihr denn schon? Das hätte dieses verschlafene Nest mit seinen paar hundert Touristen endlich mal richtig nach vorn gebracht! Ich will Arbeitsplätze schaffen, damit die jungen Leute nicht aus Dachsmoos weggehen müssen, so wie wir damals. Tobi, Nora, ich möchte, dass eure Jugendherberge voll ist. Ich mache das *für uns alle*, wann kapiert ihr das denn endlich mal?«

Melanie Winterthaler versuchte, mit dem rechten Fuß noch einen weiteren Karton vor sich herzuschieben und in der Dunkelheit zu verschwinden. Aber da blinkten schon die Blaulichter von zwei Polizeiwagen an der Auffahrt zum Parkplatz.

Der Garten der Jugendherberge war an diesem Vormittag mit Wimpelketten und Lampions geschmückt. An der Feuerstelle prasselte ein gewaltiges Lagerfeuer. Es gab einen Tisch mit mehreren Waffeleisen, Teig und verschiedenen Toppings. Kakao gab es auch. Kim hatte sich für ein Waffel-Topping aus heißen Himbeeren, Sahne und weißen Schokostreuseln entschieden. Sie balancierte ihren gut gefüllten Teller zum Lagerfeuer und setzte sich auf das Kissen, das Marie und Franzi schon in ihrer Mitte auf dem Baumstamm für Kim bereitgelegt hatten.

»Das sieht lecker aus!«, staunte Marie. »Ich glaube, ich hole mir gleich noch eine Waffel und nehme auch heiße Himbeeren.«

Lennart und Schorsch trugen einen kleinen Tisch zum Lagerfeuer. Darauf standen zwei bunte Kartons, aus einem schaute ein Stapel Zettel heraus.

»Schade, dass Paula und Lene heute nicht dabei sind«, sagte Franzi. Nora hatte ihnen kurz vor dem Frühstück erzählt, dass Patrick Andris seit gestern Abend in Polizeigewahrsam war und heute Vormittag noch mal verhört werden sollte. Wahrscheinlich durfte er danach wieder nach Hause, dort wollten Paula und Lene auf ihn warten. Auch Melanie Winterthaler wurde aktuell befragt. Anscheinend hatte sie direkt an diesem

Morgen eine sehr großzügige Spende an eine lokale Naturschutzorganisation getätigt. »Ich weiß nicht, ob ich ihr abnehme, dass sie es ernst meint«, hatte Nora gesagt. Auch die Detektivinnen waren skeptisch, ob Melanie Winterthaler wirklich von ihren persönlichen Interessen abgekommen war und jetzt die Notwendigkeit von Natur- und Umweltschutz wahrnahm. Wie ihr Bruder würde sie nach der Befragung auf dem Polizeirevier wahrscheinlich wieder nach Hause dürfen, bis es eventuell zu einem Prozess kam.

Paula hielt ihre Freundin Nora auf dem Laufenden und hatte erlaubt, dass sie den drei Detektivinnen davon erzählte.

Schorsch klopfte umständlich gegen eine Limo-Flasche in seiner Hand. »Wir möchten uns zuerst ganz herzlich bei euch für die tolle Woche bedanken!«, sagte Schorsch. Die Jugendlichen applaudierten ausgelassen, Marie pfiff auf ihren Fingern.

»Wir möchten euch jetzt eure Urkunden überreichen, denn: herzlichen Glückwunsch, ihr seid alle Junior-Ranger!« Wieder war begeisterter Applaus die Antwort.

Nacheinander riefen Lennart und Schorsch die Jugendlichen auf. Sie erhielten nicht nur eine Urkunde, sondern auch ganz besondere und individuelle Abzeichen!

Kim wurde aufgerufen. Sie ging in die Mitte des Kreises und Schorsch überreichte ihr eine Urkunde. »Junior-Rangerin Kim Jülich«, stand in großer Schrift in der Mitte.

»Für deinen besonderen Mut, nicht nur im Kletterwald, bekommst du dieses Abzeichen«, verkündete Lennart. Er überreichte Kim ein Abzeichen aus Emaille, das einen Löwen zeigte.

Kim steckte sich den Pin sofort stolz an die Jacke. Franzi bekam einen Pin in Herzform als Abzeichen für ihren Teamgeist. Und Marie wurde für ihr »herausragendes Talent beim Feuermachen« ausgezeichnet.

Als alle Jugendlichen ihre Urkunden und Abzeichen erhalten hatten, erklärte Lennart geheimnisvoll, dass es noch eine weitere, ganz besondere Auszeichnung gab, die sie bislang noch nie verliehen hatten.

»Kim, Franzi und Marie, habt ihr während der letzten 24 Stunden in die Wildkamera-App geschaut?«

»Oh nee, das haben wir ganz vergessen!«, sagte Kim.

»Wir haben für euch reingeschaut«, antwortete Lennart, »aber vergesst das und uns nicht, wenn ihr wieder zu Hause seid!«

»Auf keinen Fall!«, rief Franzi. Schorsch hatte ein Tablet vom Tisch genommen und rief ein Foto auf.

»Mit der von euch angebrachten Wildkamera wurden letzte Nacht zwei Luchse fotografiert!«

Kim, Franzi und Marie kreischten vor Überraschung und Freude auf und umarmten sich laut jubelnd.

Schorsch drehte das Tablet um und nun konnten alle das Foto sehen. Es war etwas unscharf und dunkel, da es nachts aufgenommen worden war. »Eine Mutter und ihr Junges«, verkündete Schorsch stolz. »Die Luchse haben Nachwuchs bekommen!«

Kim konnte es nicht glauben, das war unfassbar.

»Leider haben wir keine Luchs-Abzeichen für euch«, sagte Lennart bedauernd, »aber ihr bekommt etwas anderes: Ihr dürft dem Luchs-Jungen einen Namen geben und dieser wird dann auch offiziell in unserer Arbeit und in Forschungsarbeiten verwendet.«

»Lutz!«, rief Kim sofort. »Lutz Luchs!«

»Und wenn es ein Mädchen ist?«, fragte Franzi.

»Dann natürlich Lucia Luchs, ist doch völlig klar«, antwortete Kim.

Alle lachten. Die Ranger versprachen, dass das Luchs-Baby einen der beiden Namen bekommen und Kim, Franzi, Marie und die ganze Gruppe über die Luchse von Dachsmoos auf dem Laufenden gehalten werden würde.

Kim befühlte stolz ihr Abzeichen an der Jacke.

»Was für ein Rangerinnen-Projekt planen wir denn, wenn wir zu Hause sind?«, fragte Franzi. »Nistkästen für den Stadtpark? Oder die Müll-Wanderung?«

»Zuallererst gehen wir zusammen ein Eis in der neuen Eisdiele essen!«, sagte Kim. »Wir drei.«

Marie zwinkerte Kim zu.

Kim grinste und in ihrem Bauch breitete sich ein wunderbar warmes Gefühl aus. Wie schön es war, zwei so gute Freundinnen an ihrer Seite zu haben, bei denen sie sich für nichts schämen musste und mit denen sie Abenteuer, Freude, Sorgen, Krimi-Fälle und Zeit teilen durfte.

»Schön, oder?«, sagte Kim strahlend.

»Was denn?«, wunderte sich Franzi.

»Na, alles!«, antwortete Kim.

Marie und Franzi prusteten los.

»Wenn wir drei zusammen sind, ist wirklich alles ziemlich schön«, sagte Franzi und umarmte ihre beiden allerbesten Freundinnen fest.

Im Schwarzwald war **Jule Ambach** zum ersten Mal als Kind und damals maßlos enttäuscht darüber, dass dieser Wald überhaupt gar nicht schwarz ist. Trotzdem war das der Beginn einer großen Liebe, die bis heute anhält. Darum war eigentlich immer klar, dass die drei !!! unbedingt mal dort ermitteln sollten. Für ihren nächsten Schwarzwaldurlaub hat Jule Ambach schon einen festen Vorsatz: eine Zipline-Fahrt.

Leseprobe

160 Seiten
ISBN 978-3-440-17475-3

Kim, Franzi und Marie nehmen an einer Wald-Erlebniswoche teil und sind begeistert von den tollen Aktionen wie Tierspuren erkennen, Outdoorküche und Lagerfeuer. Doch dann verschwindet Holz und sogar Franzis Lieblingspulli ist weg. Hat die geheimnisvolle Liv damit zu tun? Die Detektivinnen ermitteln und stoßen auf die Legende von einer uralten Eiche ...

Lies doch mal rein!

diedreiausrufezeichen.de

»Was Käthe Reichelt wohl im Wald gemacht hat?«, überlegte Franzi.

Marie zuckte mit den Schultern. »Eicheln gesammelt, hat sie doch gesagt.«

»Glaubt ihr das?«, fragte Franzi. »Klingt für mich ziemlich abwegig.«

»Warum?«, meinte Kim. »Du hast doch gerade selbst gesagt, dass sie etwas verrückt ist.«

»Stimmt.«

Kim kam es vor, als würde der Wald immer dunkler werden. Liefen sie überhaupt in die richtige Richtung? Was, wenn sie sich nachts verirrten? Dann würden sie vermutlich erst am nächsten Morgen zur Alten Försterei zurückfinden. Wenn überhaupt. Kim steckte die Hand in die Jackentasche und umschloss die Eichel mit den Fingern.

Tragt immer eine Eichel bei euch. Dann kann euch im Wald nichts passieren.

Die Bäume wichen zurück und der Strahl von Kims Handy fiel auf eine Lichtung.

»Wir haben es geschafft!«, jubelte Franzi.

»Pst!« Kim legte einen Finger an die Lippen, obwohl es eigentlich völlig egal war, ob sie laut oder leise waren. Hier im Wald konnte sie sowieso niemand hören. Hoffentlich.

Ehrfürchtig blieben die Mädchen stehen. Mächtig und breit ragte die Liebeseiche vor ihnen auf. Nebelschwaden tanzten um ihre knorrigen Wurzeln und die Äste verschwanden in der Dunkelheit.

»Dann wollen wir mal.« Franzis Stimme klang heiser. Vorsichtig näherte sie sich der Eiche, als könnte eine falsche Bewegung den alten Baum verärgern. Der Lichtschein ihres Handys hüpfte auf und ab. Erst richtete Franzi ihn auf den Stamm, dann auf die Zweige. Viel war nicht zu sehen. Das Licht war zu schwach und erhellte immer nur einen kleinen Ausschnitt der tiefschwarzen Nacht.

»Da ist nichts.« Auch Kim leuchtete in die Krone, in der sich die Äste verzweigten und immer dünner werdend Richtung Himmel reckten. Der Wind hatte nachgelassen. Kein Blatt regte sich, kein Nachtvogel war zu hören. Der ganze Wald schien den Atem anzuhalten.

So leise wie möglich ging Kim zum Stamm. Es kam ihr vor, als könnte jedes Geräusch die schlummernde Eiche wecken. Das Rascheln des welken Laubs unter ihren Turnschuhen klang viel zu laut. Sanft berührte sie die rissige Rinde. Sie fühlte sich rau an und Kim überkam eine große Ruhe. Der Baum gab ihr Kraft und Sicherheit. Er stand schon so lange hier, hatte so viel gesehen und gehört, hatte Kriege, Stürme, heiße Sommer, eisige Winter und tobende Gewitter überlebt. Nichts konnte ihn erschüttern, das spürte Kim mit jeder Faser ihres Herzens. Es war, als würde er ihr etwas zuflüstern.

Hab keine Angst. Du bist stärker, als du denkst. So stark wie ein Baum.

»Kim!«

Maries Stimme riss Kim aus ihrer stummen Zwiesprache mit der alten Eiche.

»Hast du schon im Stamm nachgesehen?«

Kim schüttelte den Kopf. Ein letztes Mal streichelte sie über die Rinde, dann richtete sie das Licht ihres Smartphones auf die Öffnung im Stamm und trat in den Baum. Franzi und Marie folgten ihr. Der Hohlraum war gerade groß genug für die drei. Schulter an Schulter standen sie im Kreis.

»Wahnsinn!«, flüsterte Franzi. »Die Eiche ist ja komplett hohl.«

Marie leuchtete nach oben. Der Lichtstrahl verlor sich in der Dunkelheit. »Irgendwie ganz gemütlich hier.«

Kim nickte. Sie fühlte sich sicher und geborgen. Der Baum würde sie vor allem Bösen beschützen. Hier konnte ihnen nichts passieren.

»Wie wär's mit einer Extraportion Energie?«, schlug Franzi vor.

Die Detektivinnen streckten die Arme nach unten, so gut es in der Enge ging, und legten die Hände übereinander.

»Die drei !!!«, murmelten sie im Chor.

»Eins«, raunte Kim.

»Zwei«, flüsterte Franzi.

»Drei«, fügte Marie leise hinzu.

Da der Platz nicht reichte, um die Arme in die Luft zu werfen, fassten sie einander an den Händen, hielten sich ganz fest und wisperten: »Power!!!«

Die Worte stiegen im hohlen Stamm empor und verschmolzen mit der Nacht. Kim spürte die Energie, die wie eine warme Welle durch ihren Körper floss. Es war nicht nur der Powerspruch, sondern auch die uralte Kraft der Eiche, die ihr neuen Schwung gab. Plötzlich fühlte sie sich, als könnte sie alles schaffen.

Franzi tastete die Wände des Hohlraums ab, auf der Suche nach Astlöchern oder Einbuchtungen, in denen man etwas verstecken konnte.

»Nichts«, stellte sie etwas enttäuscht fest. »Dabei wäre ein hohler Baumstamm der perfekte Ort, um Diebesgut oder Schmugglerware verschwinden zu lassen.«

»Einen Versuch war es wert.« Kim gähnte. »Lasst uns zurückgehen. Wenn ich nicht bald ins Bett komme, schlafe ich morgen beim Waldbaden ein.«

Nacheinander schlüpften die Detektivinnen durch die schmale Öffnung ins Freie und machten sich auf den Heimweg. Der Wind hatte wieder aufgefrischt und Kim fröstelte. Sie freute sich auf ihr Bett und malte sich gerade aus, wie sie sich unter die warme Decke kuschelte, als Franzi stehen blieb und den Finger an die Lippen legte.

»Hört ihr das auch?«

Kim lauschte. Erst war da nur der Wind, der das Herbstlaub in den Baumkronen rascheln ließ. Doch dann drang noch ein Geräusch an ihre Ohren. Ein unrhythmisches Klappern in der Ferne, begleitet von einem mehrstimmigen Pfeifen, das keiner rechten Melodie zu folgen schien. Kim stellten sich die Nackenhaare auf. »Das klingt ja fast wie Musik.«

»Geistermusik«, raunte Marie.

Weder Franzi noch Kim widersprachen. Die seltsamen Töne klangen wirklich gespenstisch.

»Dafür gibt es bestimmt eine ganz harmlose Erklärung«, sagte Franzi. »Auch wenn mir gerade keine einfällt …«

»Das ist echt unheimlich.« Kim schauderte. »Kommt, wir verschwinden hier.«

Eilig marschierten die Detektivinnen los. Die merkwürdigen Geräusche verfolgten sie bis zum Waldrand. Mit jedem Schritt wurden sie leiser, bis sie schließlich ganz verklangen. Doch in Kims Kopf ging das Geisterkonzert weiter und begleitete sie bis ins Reich der Träume.

Kim, Franzi und Marie lösen jeden Fall!

- ☐ Die Handy-Falle
- ☐ Betrug beim Casting
- ☐ Gefährlicher Chat
- ☐ Nixensommer
- ☐ Wildpferd in Gefahr
- ☐ Das geheime Parfüm
- ☐ Der Graffiti-Code
- ☐ Tatort Geisterbahn
- ☐ Gefahr im Netz
- ☐ Nacht der Wölfe
- ☐ Legende der Einhörner
- ☐ Rätsel der Vergangenheit
- ☐ Tatort Hollywood
- ☐ #Falscher Ruhm
- ☐ Achtung, Gaunerzeichen!
- ☐ Das Bienen-geheimnis
- ☐ Vier Pfoten in Gefahr
- ☐ Ein echt schöner Fall
- ☐ Geheimnis im Spukhotel
- ☐ Das Konfetti-Komplott
- ☐ Luftballon-Küsse
- ☐ Ein Fall mit Herz und Huf
- ☐ Rätselhafter Raub
- ☐ Geheimnisvoller Liebestrank
- ☐ Die Krimi-Verschwörung
- ☐ Der Fluch der Fee
- ☐ Mission Gipfelglück
- ☐ Geburtstagsdiebe
- ☐ Abenteuer-Küsse
- ☐ Unheimliches Meeresleuchten
- ☐ Falle im alten Kino
- ☐ Abenteuer Afrika
- ☐ Rätsel der alten Eiche
- ☐ Influencerin in Not
- ☐ Spuk auf dem Campingplatz
- ☐ Detektivinnen in Gefahr
- ☐ Alpaka-Alarm
- ☐ Tatort Tierarztpraxis
- ☐ Sushi-Sabotage
- ☐ Gefahr im Smart Home
- ☐ Superheldin in Gefahr
- ☐ Abenteuer Australien
- ☐ Einsatz im Kletterwald
- ☐ Verrat im Internat
- ☐ Tatort Blumenfarm
- ☐ Theater der Vampire
- ☐ Der Ponyhof-Skandal
- ☐ Einsatz im Heißluftballon
- ☐ Magie der Hexe

diedreiausrufezeichen.de

Weitere Bände der Reihe sind als E-Book erhältlich.